encuentro

ENCUENTROS SAGRADOS CON CRISTO

Frank Moore

cnp

CASA NAZARENA DE PUBLICACIONES

Publicado por
Casa Nazarena de Publicationes
17001 Praire Star Parkway
Lenexa, KS 66220 E.U.A.

informacion@editorialcnp.com • www.editorialcnp.com

Título original en inglés:
Rendezvous: a sacred encounter with God.
By Frank Moore
Copyright © 2007
Published by Beacon Hill Press of Kansas City
A division of Nazarene Publishing House
Kansas City, Missouri 64109 USA

This edition published by arrangement
with Nazarene Publishing House
All rights reserved

Publicado en español con permiso de
Nazarene Publishing House de Kansas City
Copyright © 2009
Todos los derechos reservados.

ISBN 978-1-56344-500-2

Traducción: Daniel Pesado
Diseño de portada: Rubén Orozco Lic

Categoría: Vida cristiana / Devocional

Excepto donde se indica, todas las citas bíblicas han sido tomadas de la
Biblia Nueva Versión Internacional, 1999 de Sociedad Bíblica Internacional.

Impreso en Colombia
Printed in Colombia

A mi esposa Susana,
cuyo romance con Dios me inspira diariamente.

CONTENIDO

PRÓLOGO

Este libro habla acerca de la pasión, pero no de ese uso común de la palabra que a menudo la relacionan con la simple emoción humana. Trata de la búsqueda de lo realmente importante y central, de la pasión que consume su vida. Habla de ese romance que es más que un encuentro humano momentáneo. Se refiere al fortalecimiento de una relación de vida transformadora con su amado Señor.

Después de su excelente y exitoso libro, El poder para ser libre, el Dr. Frank Moore nos da ahora dirección para que cultivemos una vida de intimidad espiritual con Aquel que nos dio libertad.

Fue un regalo poco común de parte del Dr. Moore proveernos el libro arriba mencionado en un formato de lectura para 40 días. Para todas las personas que descubrieron que el deseo del Padre es darnos un propósito para vivir, la siguiente guía que necesitaban era la forma de cómo ser libres para tener esa vida de propósito. El libro inmediatamente llegó a ser uno de los títulos de mayor venta en la historia de la casa publicadora Beacon Hill Press de Kansas City, Estados Unidos.

Nada pudo ser más importante para aquellos que fueron encontrados por el Espíritu liberador, que saber cómo cultivar una vida de tal intimidad con Cristo que comiencen a mostrar su mismo carácter. Esa intimidad no es automática, tampoco es fácil de alcanzarla. Incluso aquellos cuyos corazones son puros, tienen que desarrollar las disciplinas y condiciones para un crecimiento espiritual que cultive una relación profunda con Jesús.

Este viaje puede ser entendido propiamente como un romance. No tiene que ser pesado o una tarea que temer. Puede ser un encuentro muy esperado. El Dr. Moore invita al lector que tiene deseos de experimentarlo, tener una experiencia en comunidad, uniéndose con otros que van en busca de la misma intimidad con Cristo.

Aunque usted puede sacar mucho provecho con la lectura personal de este libro, encontrará un beneficio mayor uniéndose con un grupo u otra persona que está en la misma búsqueda. Un compromiso de 40 días con la guía dada por el Dr. Moore, le capacitará a usted y a los que le acompañen, para encontrar fortaleza y ánimo unos a otros, mientras tomen parte en este romance sagrado.

Este es el libro que muchas personas esperaban. Ofrece una ayuda que va más allá de fórmulas que lo dejan frustrado con nuevas demandas que cumplir. Se trata de vida, de una relación. ¡Es una invitación para un encuentro!

—Jesse C. Middendorf
Superintendente general, Iglesia del Nazareno

UN ENCUENTRO SAGRADO

Ellos se asoman por los muros escarpados, buscándose el uno al otro. Extraños pasan, se detienen a mirar hacia el parapeto elevado o hacia abajo a las aguas profundas y oscuras. ¿Dónde está ella?, se pregunta él. Tal vez él no vendrá, piensa ella. Los ansiosos pensamientos van y vienen. Luego, ellos se descubren -un gesto discreto, un giro de cabeza familiar- es ella; es él. Sus corazones palpitan, sus pasos se aligeran y de repente, se encuentran de la mano, viéndose cara a cara. Este es un encuentro que estuvieron esperando ansiosamente por semanas.

Fuerte Santiago, en Manila, es donde se encuentran los amantes filipinos. Es donde van para huir de familiares y amigos, para el acostumbrado galanteo del cortejo. Aquí, en esta vieja fortaleza española, una atracción para viajeros y turistas, una pareja puede escapar, hablar abiertamente de su amor y prometerse fidelidad. Luego, rápidamente se separan, pero antes, se demoran en una última mirada, una última caricia de sus manos para luego comenzar a descender desde donde la antigua ciudadela se encarama sobre la desembocadura del río Pasig. Regresan a sus familias, empleos y amigos. A partir de ese momento, todo será una continua y anhelada espera por el momento en que volverán a encontrarse, hasta su próxima cita.

¿No sería maravilloso si pudiéramos encontrarnos con Cristo de esa manera?, ¿Estarían nuestros corazones tan cautivados por Él que apenas podríamos esperar volver a verlo para estar algún tiempo juntos en privado?, ¿cómo sería experimentar, al despedirnos, demorarnos unos momentos para una oración más, para oír una palabra más de su voz "apacible y delicada", una caricia más de su mano amorosa? Al partir para regresar a nuestra agenda y responsabilidades, lo haríamos pensando en la próxima vez, la próxima ocasión en que volveremos a estar juntos ¡una vez más de esa manera!

Si esta propuesta le conmueve, si hace que su corazón acelere sus latidos por la posibilidad de encontrarse con Cristo de una manera continua, tengo buenas noticias para usted. Estos encuentros no sólo son posibles, sino que Cristo diseñó formas y medios por los cuales podemos encontrarnos con Él con tanta frecuencia como lo deseemos. En este libro exploraremos algunas de las muchas formas en las que usted puede encontrarse con Cristo.

Dios nos creó para que tuviéramos compañerismo con Él. Desea encontrarse con nosotros de manera continua. La humanidad, al rebelarse contra Dios en el jardín del Edén, emprendió una permanente huida de Él. Jesucristo vino a la tierra para llevarnos de regreso hacia nuestro Padre celestial. Al terminar nuestra rebelión y volvernos a Dios, Él nos perdona nuestros pecados y restaura nuestra relación. ¡Es una relación maravillosa! Comunión diaria con el Todopoderoso creador del universo, nada puede ser más satisfactorio que eso.

Es necesario aclarar que no podemos descubrir a Cristo por medio de la fe para salvación y luego guardar nuestra experiencia colgándola en una carpeta en el archivo correspondiente para continuar con otras aventuras en nuestra vida. La gente a veces tiene un encuentro con Cristo en un momento determinado de sus vidas, pero luego lo "archivan". Lo transforman en un objetivo más, una marca puesta a la par de la larga serie de tareas a realizar. Cuando se les pregunta a estas personas acerca de Cristo responden, "Ya lo hice", "Ya lo probé". Pero, ¿lo hicieron realmente? ¿Experimentaron la profundidad ilimitada del conocimiento de Cristo? ¡Absolutamente no!

Una relación genuina con Cristo consume cada día de nuestra existencia. Nos lleva, como un misil teledirigido, directo de regreso a Él a través de una variedad de actividades, en una variedad de situaciones y por medio de una variedad de personas.

Nuestra sed por una relación más profunda con Cristo nunca se sacia. El resultado final de esta relación nos lleva a parecernos cada vez más a Él en carácter y conducta.

En los países de habla inglesa es común ver a personas cristianas con pulseras con las letras WWJD, lo cual es un acróstico en inglés, que equivale a preguntarse: "¿Qué haría Jesús en mi lugar?". Otros buscan en sus Biblias señales que les indiquen cómo respondería Jesús en una situación determinada. Aún están quienes oran por un soplo del Espíritu de Cristo que traiga un sentido de dirección a sus vidas. Todos estos ejercicios ilustran la realidad de que los cristianos buscan ser más como Cristo de una manera genuina.

Uno de los muchos beneficios de pasar tiempo junto con Cristo es desarrollar un carácter semejante al suyo. Esto es lo que este libro explora – llegar a ser más como Cristo. Pero, no pongamos los vagones delante de la locomotora. El carácter cristiano fluye como un derivado de nuestra relación con Él, no es una meta que podemos alcanzar separadamente. Encontramos a Cristo en los eventos diarios de nuestra vida. Nuestro anhelo de estar con Cristo fluye de nuestro amor por Él y no por desear un cambio de personalidad. Con el paso del tiempo comenzamos a parecernos más y más a Jesús.

Por lo tanto, el plan de este libro nos llevará a través de algunas prácticas básicas que se desarrollan en una, casi interminable, combinación de situaciones, actividades y grupos sociales por medio de los cuales encontramos a Cristo. En la semana 1 exploraremos indicios de las formas en que Él quiere relacionarse con nosotros. En las semanas 2-6 observaremos profundamente, las formas en que encontramos a Cristo en situaciones individuales y sociales.

Puesto que en este libro usamos a Cristo como nuestro modelo y ejemplo, las referencias a las Escrituras para las lecturas diarias se basarán en los cuatro evangelios. Todos los pasajes están enfocados en la vida y ministerio de Jesús y le proveerán un principio de vida o conducta que usted pueda aplicar a su vida. Demasiado a menudo nos excusamos diciendo: "Jesús es Dios, así que nunca podré imitar su ejemplo". Al decir esto olvidamos que Jesús vino a esta tierra para algo más que morir en la cruz por nuestros pecados. Él también vino a darnos un ejemplo y modelo para vivir la vida en esta tierra de acuerdo con el plan original del Padre. Cuando leemos los relatos bíblicos acerca de su vida desde esta perspectiva, añadimos una nueva dimensión a nuestro entendimiento tanto de la Biblia como de la vida terrenal de Jesús. Esta dimensión añadida nos muestra lo que Jesús hizo en situaciones determinadas y nos enseña lo que podemos hacer en momentos similares.

Nuestra pregunta para esta travesía será, "¿cómo transformo mi rutina espiritual en un romance sagrado?". Cristo, a través del día, se le acerca en una variedad de formas. Él quiere que nos encontremos con Él y experimentemos el amor que Él tiene para nosotros. Cuando desarrollamos ojos para verle en los diferentes momentos del día, nuestras prácticas espirituales toman una nueva luz. Se vuelven formas donde el amor de Dios nos envuelve y nuestro amor por Él se hace más profundo. Más crece este amor, más queremos estar con Él; y más estamos con Él, nos hacemos más como Él. Lejos de cualquier rutina, este ciclo de amor, encuentro y cambio es un romance sagrado maravilloso, donde cada encuentro con Cristo se parece cada vez más a una cita de enamorados. Entonces, ¡comencemos! Nuestro amado nos espera a la vuelta de la esquina.

"Una vez que hemos gustado de la misericordia de Dios, eso nos atrae a su amor puro mucho más de lo que nuestras necesidades nos compelen a amarlo. Por tanto decimos: 'Ahora amamos a Dios, no por nuestra necesidad, sino porque nosotros mismos lo hemos experimentado y sabemos cuán misericordioso es el Señor'".

—Bernard of Clairvaux (1090—1153)

¿CÓMO TRANSFORMO MI RUTINA ESPIRITUAL
EN UN ROMANCE SAGRADO?

encuentro

Día 1

UNA HISTORIA DE AMOR

"—Ama al Señor tu Dios con todo tu corazón, con todo tu ser y con toda tu mente —le respondió Jesús—. Éste es el primero y el más importante de los mandamientos. El segundo se parece a éste: Ama a tu prójimo como a ti mismo" (Mateo 22:37-39).

¡A todos les encantan las historias de amor! No hablo de las novelas de amor que podemos comprar en el puesto de revistas de la esquina de nuestra casa, con fotos de mujeres bonitas en los brazos de hombres heroicos. Eso es fantasía. Me refiero a una historia de amor genuino. Puede ser la historia de dos adolescentes que se enamoran e n la escuela secundaria y se comprometen en matrimonio por el resto de sus vidas; puede ser la historia de dos deportistas cuyas vidas se derrumban por la irrupción de un cáncer; o bien, la historia de un santo que invierte cada minuto de su vida en ayudar a los necesitados como lo ejemplificó la Madre Teresa.

Las historias de amor se diferencian en formas casi infinitas pero, a la vez, comparten características comunes. Cada historia de amor tiene un sujeto, un objeto y el amor que los une. La vida tiene formas de complicar cada historia de amor. Los obstáculos prueban o confunden el amor. Serán necesarios grandes esfuerzos para vencer y mantener ese amor. Historias de amor con finales felices hablan, usualmente, del triunfo del amor verdadero sobre cada obstáculo y de la unión de los personajes en forma aún más poderosa

Este libro se ubica claramente en la categoría de una historia de amor. Cristo es el sujeto y personaje principal de la historia. Usted es el objeto de su interés. Su amor indescriptible, inenarrable, inimaginable nos une a Él, y como en cada historia de amor, la vida tiene una forma de complicar la trama de la misma.

Tome un minuto y escriba las cosas que ahora complican su vida: asuntos o responsabilidades familiares, problemas en el trabajo, tensión por los niños, cuestiones de salud, problemas con los vecinos, facturas por pagar o una agenda descontrolada. ¡Esta última describe la vida de la mayoría de la gente que conozco! La lista de asuntos que complican la vida de la gente puede ser bastante larga. Al escribir las cosas que complican su vida usted podrá verlas en papel. Ahora ponga la lista a un costado, de eso hablaremos más adelante. No quiero que se concentre demasiado en asuntos complicados por ahora. Todos tenemos complicaciones, pero quiero que esté conciente de ellas.

Estas complicaciones en su vida pueden crear obstáculos que le impidan estar consciente del amor que Cristo siente por usted. También pueden limitar su capacidad de amar a Cristo en la forma que usted desea. Está tan ocupado o agobiado con los problemas de la vida, que su energía, atención, tiempo y esfuerzo se esfuman en su lucha con todas esas situaciones.

> "Porque Dios ama tanto nuestra alma que sobrepasa el conocimiento de todas las criaturas – esto equivale a decir que ningún ser creado puede saber cuanto, que tan dulce y profundamente nos ama nuestro Hacedor".
> Julían de Norwich (d.C. 1342 – después de 1416)

Aquí es donde espero que este libro le ayude. Reenfocará a Cristo y su amor por usted de manera que pueda verlo en nuevas maneras frescas y esperanzadoras. Le dará herramientas para atravesar esos obstáculos en el camino de su vida y pueda reconectarse con Cristo en formas significativas cada día. Este libro no lo liberará de todos sus problemas, sólo el cielo puede hacerlo. Sin embargo, le ayudará a encontrar a Cristo en nuevos lugares y a experimentar su amor en medio de su situación actual.

Este libro le ayudará a encontrar a Cristo en nuevos lugares y a experimentar su amor en medio de su situación actual.

Ayer volé de regreso a casa y aterricé en medio de una tormenta de viento. Las banderas indicaban atención. Los árboles y arbustos eran sacudidos vigorosamente. Nuestro avión se balanceaba hacia adelante y atrás, arriba y abajo para mantener un adecuado y firme deslizamiento por el centro de la pista de aterrizaje. En el momento que las ruedas tocaron la pista, noté que el viento no tenía ningún efecto en la torre del aeropuerto. Sus cimientos, de hierro y concreto, al estar enterrados profundamente en el suelo le proveen la posibilidad de resistir la furia del viento.

Tormentas como éstas nos llegan a todos. Sí, los vientos de la vida soplarán sobre usted. Sí, habrá momentos en que será sacudido, sin embargo, usted puede tener un fundamento profundo en Cristo que le haga capaz de resistir la furia del viento. En este libro exploraremos estrategias para ayudarle a permanecer firme en medio de las más furiosas tormentas de viento que vengan sobre su vida.

Vuelva a mirar la lista de complicaciones. Puede verlas como ráfagas de viento que soplan sobre usted. Ahora recuerde que el amor de Cristo lo tiene tan firmemente anclado como el hierro y el concreto arraigan la torre del aeropuerto. ¡Usted está seguro en el amor de Cristo!

Cuando pienso en una historia de amor verdadera, siempre recuerdo a Susana, el amor de mi vida. Nos conocimos asistiendo a la misma universidad, nos casamos y pasamos juntos casi cada día por más de tres décadas. No me parezco a uno de esos galanes en las tapas de la novelas de romance que vemos en los puestos de periódicos. Estoy seguro que, la mayoría de los días, Susana no siente que sus pies se despegan del suelo a causa de un indescriptible romance apasionado. Pero, nos amamos profundamente el uno al otro.

¿Es capaz nuestro mutuo amor de detener los vientos de la vida? ¡Por su puesto que no! Los vientos llegan. ¿Complican o frustran estos vientos algunas veces nuestro amor? ¡Por su puesto que sí! Entonces, ¿cómo sobrevivimos juntos cuando esos mismos vientos parecen separar a tantos otros que se aman? Buscamos formas de conectarnos y reconectarnos diariamente. Si estoy fuera de la ciudad, nos llamamos y nos enviamos correos electrónicos mutuamente. Si uno de los dos tiene prisa por entregar un trabajo, cumplimos primero con el trabajo y luego disfrutamos juntos el tiempo restante. Hemos decidido que, no importa lo que nos llegue, estaremos juntos de por vida. ¿Por qué? Porque nos amamos el uno al otro con un amor que crece con el tiempo.

¿Es esto todo lo que hacemos para estar conectados? No, en lo absoluto. Algunas veces es una mirada que ella me hace a través de un cuarto lleno de gente. Con frecuencia, cuando estamos en público, ella aprieta mi mano. Es una pequeña nota que ella pone en mi bolsa del almuerzo. Es una tarjeta animada que le envío en un correo electrónico sin ninguna ocasión especial. Es cuando en un día regular de trabajo, sin ninguna otra razón que desear estar en mutua compañía, salimos a almorzar juntos.

Recientemente celebramos el 40 aniversario de bodas de unos amigos. Cuando le pregunté a Guillermo el secreto del éxito en su matrimonio, él respondió: "Té helado". "¿Te helado?", pregunté. "¿Qué relación existe entre el té helado y su matrimonio?" Nunca olvidaré la respuesta de Guillermo, él dijo que casi cada día, por los últimos 40 años, él y Rut pasaron tiempo sentados en la hamaca en el porche tomando té helado con el único motivo de estar juntos. Si alguna vez escuché algo digno de formar parte de una auténtica historia de amor, ¡esta es una frase digna de ella!

¿Le ama Cristo? La Biblia afirma este hecho de manera clara. ¿Usted, ama a Cristo? Estoy seguro que lo ama o no tendría ningún interés en leer este libro. ¿Quiere experimentar el amor de Cristo en nuevas y frescas formas? También, estoy seguro que sí. Por los próximos 40 días hablaremos sobre estrategias para sazonar nuestra relación de amor y encontrarnos con Él en nuevas formas. Estas estrategias no asumirán que en su vida todo es calma, probablemente no lo sea. Pondremos en sus manos herramientas que le ayudarán a amar a Cristo y a experimentar su amor por usted en medio de los desafíos diarios.

Día 1
Recuerde: Cristo lo ama y usted lo ama a Él.

"Ama al Señor tu Dios con todo tu corazón, con todo tu ser y con toda tu mente" —le respondió Jesús—" (Mateo 22:37).

Día 2

REENFOQUE SUS LENTES

"—De veras te aseguro que quien no nazca de nuevo no puede ver el reino de Dios —dijo Jesús" (Juan 3:3).

Ayer le hablé del amor de mi vida, Susana. En realidad, ella ya no es la única mujer en mi vida. No lo esperaba, ni planeé que sucediera, pero este año el amor golpeó mi corazón con un nuevo afecto. ¡Nunca antes experimenté algo como esto! En el momento en que pensé que mi vida estaba completa son Susana, nuestro hijo Brent y su esposa Nikki, caí rendido por el amor de otra muchacha. Pienso en ella todo el tiempo y me detengo en su casa para verla tanto como me sea posible. No me malinterprete, no experimento la denominada "crisis de los 50". ¡Sólo estoy diciendo que ser abuelo es algo grandioso!

Cuando miré a Mia por primera vez, supe de manera instantánea que la amaría por el resto de mi vida. Ella está llena de vida y energía. Cuando estoy con ella me encanta... bueno, sólo estar con ella. Ella aún no realiza muchas de las piruetas que los bebés suelen hacer, pero realmente no importa. Ella es perfecta tal cual está. Estoy seguro que me divertiré tanto viéndola crecer como cuando veía crecer a Brent.

La noche que Jesús se encontró con Nicodemo ilustró esta verdad espiritual con la analogía de un bebé naciendo en el mundo. Mia llegó a nuestras vidas en la misma forma que todos los bebés lo hacen, simplemente nació. Jesús dijo a Nicodemo que la nueva vida espiritual en Dios se parece mucho a experimentar otro nacimiento. De esta conversación obtuvimos la expresión "nuevo nacimiento" o "nacer de nuevo". Cuando una persona acepta a Jesucristo como salvador personal todo cambia. El nuevo nacimiento abre todo un nuevo mundo espiritual para que lo exploremos y crezcamos al hacerlo. El crecimiento siempre sigue al nacimiento.

Si usted ha sido cristiano por mucho tiempo, ya conoce esto. Una verdad simple, ¿no es así? Pero aún así, no siempre vivimos guiados por esta verdad.

Muy a menudo ponemos demasiado énfasis en el hecho de nacer de nuevo, que fallamos en dar la atención necesaria al crecimiento que lo procede. El crecimiento siempre sigue al nacimiento.

Permítame ilustrarlo. Nikki y Mia estuvieron en el hospital sólo dos días después del nacimiento. Luego Brent las llevó a casa, allí había flores, globos y un carrito para la bebé. Al hablar de esto recuerdo que criamos a Brent sin todo este equipamiento, ¿cómo lo hicimos?, me pregunto. ¡Me sorprende que sobreviviera! Una vez que llegaron al hogar, Brent, Nikki y Mia comenzaron una vida de familia juntos. La niña creció literalmente cada día en los aspectos físicos y mentales. Esto es lo que sucede con la nueva vida. Hace unos días me sorprendió un anunció que escuché en la radio pues su mensaje me conmovió hasta que llegué a casa. En el anuncio la madre reprendió a su hija casada por no enviarle fotos de su bebé recién nacido. La hija dijo: "Te envié fotos hace 30 minutos". La madre respondió rápidamente: "Sí, ya recibí esas. ¡Pero quiero fotos recientes!" ¡Los bebés crecen rápidamente!

Nosotros, los cristianos, podemos ser tentados a poner demasiado énfasis en el evento de nacer de nuevo espiritualmente porque malinterpretamos el por qué Jesús vino a la tierra. Un programa de radio famoso recientemente preguntó a su audiencia, "¿Porqué vino Jesús a la tierra?" La mayoría de los oyentes respondió: "A morir por nuestros pecados". Esto es verdad. La película "La pasión de Cristo" representa esta verdad de una manera poderosa, sin embargo, esta no es toda la historia.

Si enfocamos la atención únicamente en la muerte de Jesús en la cruz, fallamos en dar el énfasis apropiado a la vida y ministerio con que nos sirvió. Él nos dio ricos ejemplos por medio de sus acciones, reacciones, actitudes y respuestas ante las situaciones de la vida. Nos dio un gran caudal de información por medio de su ministerio de enseñanza y predicación. Al prestar una atención especial a la vida y ministerio de Jesús podemos aprender mejor como crecer en nuestro caminar espiritual con Él. Por esta razón, en este libro nos enfocaremos en la vida y ministerio de Jesús. Cada lectura diaria de la Escritura viene de uno de los evangelios. Es decir, usted sólo necesitará Mateo, Marcos, Lucas y Juan para sus lecturas diarias primarias.

Una vez que nacimos de nuevo, nuestra vida en Cristo nos ubica en un viaje con Él que significa crecer en esa relación por tanto tiempo como vivamos en la tierra. Crecemos espiritualmente de la misma manera que los recién nacidos lo hacen física y mentalmente, esta es la razón por la que titulé esta lectura "Reajuste sus lentes". Como la mayoría de las cámaras, la mía también posee lentes de ángulo cercano y lejano. El primero permite enfocar un objeto desde distancia cero (las fotos que usualmente le tomo a mi nieta Mia). El segundo, permite tomar fotos panorámicas de paisajes enteros.

En lugar de pensar en nuestra vida cristiana únicamente en términos de tener nuestros pecados perdonados y haber nacido de nuevo (los cuales son de vital importancia), debemos reenfocar los lentes de nuestra mente para obtener una vista panorámica. Esta vista más amplia incluye todo el espectro de vida y crecimiento en nuestra jornada cristiana. La vida cristiana es exactamente eso: un viaje de exploración que incluye experiencias y encuentros con Cristo durante toda nuestra vida.

La vida cristiana es exactamente eso: un viaje de exploración que incluye experiencias y encuentros con Cristo durante toda nuestra vida.

Ayer dije que este libro explora su historia de amor con Cristo. Hoy quiero llamar su atención hacia la relación que usted tiene a diario con Él. Al igual que cualquier otra relación, se desarrolla a lo largo de toda la vida. Su nuevo nacimiento ocurrió en un momento específico en el tiempo. Su vida espiritual en Jesús crece y se expande, a partir de ese momento, hasta que usted se una con Él arriba en el cielo. Entonces, ¡preparado, listo, crezca!

Día 2

Recuerde: Su vida cristiana comenzó con el nuevo nacimiento y crecerá y se expandirá por el resto de su vida.

"—De veras te aseguro que quien no nazca de nuevo no puede ver el reino de Dios —dijo Jesús" (Juan 3:3).

Día 3

NO ES "SÓLO HAZLO"

"Jesús, lleno del Espíritu Santo, volvió del Jordán y fue llevado por el Espíritu al desierto. Allí estuvo cuarenta días y fue tentado por el diablo. No comió nada durante esos días, pasados los cuales tuvo hambre" (Lucas 4:1-2).

Quienes se dedican a la publicidad de ropa, calzado, equipo y bebidas deportivas nos impulsan a que sólo entremos al terreno de juego, la pista o al equipo y demostremos nuestras mayores habilidades. Ellos dicen, "sólo hazlo". Estos anuncios publicitarios implican que podemos destacarnos en el deporte de nuestra elección si añadimos dosis iguales de esfuerzo, poder de voluntad y determinación. Es toda la estimulación recibida por medio de estos anuncios y comentaristas deportivos, lo que hace a los atletas intentar realizar sus sueños olímpicos o de campeonatos mundiales. Sin embargo, ninguna ropa deportiva, calzado o tentadoras bebidas energizantes pueden darme la habilidad necesaria para competir en mi deporte favorito, hace falta más que eso.

Esta misma línea de razonamiento, "sólo hazlo", se manifiesta en la comunidad cristiana. Por algún tiempo asumí que esta forma de pensar se desarrolló en base a lo que decían los predicadores cristianos y otros pensadores que miraban demasiados episodios de Superman o del Llanero solitario. Ahora comprendo que este razonamiento comenzó a deslizarse dentro de nuestro ambiente y conversaciones religiosas mucho tiempo antes que cualquier héroe llegara a la televisión.

Este error terrible se deslizó dentro de nuestro pensamiento cristiano alrededor de 500 años atrás. Por aquel tiempo comenzamos a enfocar nuestra atención y esfuerzo en nuestra fe individual descuidando y hasta, a veces, excluyendo la fe corporativa de la comunidad cristiana. Aún más, algunas veces el error llegó hasta el punto de exaltar el esfuerzo humano por encima de la dependencia del fortalecimiento y dirección del Espíritu Santo. Como lo anuncian los publicistas deportivos, los cristianos llegaron a creer que necesitaban añadir igual dosis de esfuerzo, poder de decisión y determinación a su actividad espiritual. Así entendido, esto les aseguraría la obtención de los resultados espirituales deseados.

La Reforma Protestante y el denominado Siglo de las Luces trajeron muchas ideas nuevas dentro del pensamiento cristiano. La mayoría de estos pensamientos promovieron el avance de la causa de Cristo y resultaron en una fe más bíblica; pero algunos de ellos no, inclusive podemos llamarlos errores. Tal vez, el mayor error consistió en incorporar a nuestra fe la visión promovida por el Siglo de las Luces y la Reforma de una, demasiado exclusiva, relación personal con Jesucristo.

¡Ah! No esperaba que dijera esto, ¿verdad? ¿No es algo bueno la fe personal en Cristo? Sí, por su puesto que lo es, esto es, hasta que nosotros concentramos nuestra atención como un pequeño punto de rayo láser y hacemos que, de esta manera, nuestra vida cristiana llegue a definirse sólo en términos de "Jesús y yo".

Si sucede así, transformamos nuestra vida cristiana de aquí al cielo en un peregrinaje solitario. Según esta forma de pensar, Jesús y yo hacemos todo individualmente. Así me transformo en un cristiano independiente que logra el éxito basándose en el puro coraje y determinación. Llegaré hasta la meta sin la ayuda de nadie. ¿Necesita ayuda?, puede decirme alguien. No, gracias, puedo lograrlo por mí mismo.

Jesús nunca vivió o enseñó una religión de mero individualismo. Él no pretende que nosotros realicemos nuestro peregrinaje cristiano por nuestros propios medios o con la energía producida por nuestro propio poder de voluntad. En nuestra Escritura para hoy leemos sobre las tentaciones experimentadas por Jesús. Note que Él no enfrentó estos desafíos solo, el Espíritu Santo lo acompañó en ambas circunstancias, camino al desierto y mientras resistía los embates del diablo. Al final del relato que Mateo hace de esta experiencia, leemos que el Padre envió ángeles para ministrar a Jesús (Mateo 4:10-11). Jesús recibió ayuda antes, durante y después de su prueba.

"Esto es perfección verdadera: no intentar evitar una vida llena de maldad porque...por temor al castigo, no hacer lo bueno porque esperamos recibir la recompensa... (sino) porque la única cosa terrible que no deseamos es perder nuestra amistad con Dios y la única que consideramos digna de honor y ser obtenida es ser amigos de Dios".

Gregorio de Niza (d.C.334 – d.C.395

Cristo nunca espera que vivamos nuestra vida cristiana basándonos en nuestro poder y habilidad. El Espíritu Santo está con nosotros de la misma forma que estuvo con Jesús. El Espíritu vive en nuestros corazones, multiplica nuestro esfuerzo y dirige nuestros pasos. Aún más, tenemos hermanos y hermanas cristianas con quienes andar para que nos ayuden durante las pruebas de la vida. Al mismo tiempo que es verdad que la fe en Jesucristo requiere un compromiso personal, nunca podemos triunfar como cristianos por nuestros propios medios; necesitamos al Espíritu Santo y nos necesitamos unos a otros. La ayuda que otros puedan brindarnos puede venir de un amigo cristiano, un miembro de nuestra familia, un grupo pequeño de cristianos o de parte de una congregación entera. Exploraremos cada una de estas posibilidades en las próximas semanas.

El pensamiento devocional para este día determina un principio importante para este libro. Lo ubiqué al principio porque es de vital importancia. La próxima semana empezaremos a hablar sobre prácticas cristianas que surgen de nuestro amor por Dios. El peligro de pensar que nuestro esfuerzo en estas prácticas o actividades puede, de alguna manera, concedernos el favor de Dios, está siempre oculto en la oscuridad. Si no tenemos cuidado, podemos caer en la trampa de intentar obtener nuestra salvación por medio de realizar en forma adecuada ciertos rituales religiosos. Jesús condenó esta práctica entre los fariseos (Mateo 15:1-9). Ellos siguieron todas sus reglas y tradiciones religiosas con diligencia pero descuidaron por completo su relación con Dios basada en el amor. Tampoco le agrada a Jesús hoy, más que cuando andaba por los caminos polvorientos de este mudo, una religión basada en logros personales.

Entonces, no es "sólo hazlo". Reconozca sus limitaciones humanas, admita sus debilidades, acepte la realidad de que necesita la constante dirección y fortaleza del Espíritu de Cristo como también la ayuda de otros creyentes.

La próxima semana comenzaremos a explorar prácticas y actividades cristianas que promueven un mayor crecimiento en su vida cristiana y abren nuevas oportunidades para que se encuentre con Cristo. Sea lo que sea que haga, no piense respecto a esas prácticas o actividades como otra bola que, cual malabarista de circo, debe mantener suspendida en el aire. Muchos cristianos se agotan en el intento de hacer todo bien y, en ese esfuerzo, añaden más actividades a su agenda semanal. Después de un tiempo, se sienten desesperados con toda esta lista de responsabilidades que no lograron otra cosa que separarlos de Cristo. Una vez que el amor deja de ser lo que motiva una práctica determinada, la misma pierde toda efectividad. Entonces, sea lo que sea que haga, recuerde, no es "sólo hazlo".

Día 3
Recuerde: Usted no puede lograrlo solo; necesita la ayuda del Espíritu y de otros cristianos.

Jesús, lleno del Espíritu Santo, volvió del Jordán y fue llevado por el Espíritu al desierto… (Lucas 4:1).

Día 4

¿QUÉ TAN BUEN JARDINERO ES USTED?

"De cada pueblo salía gente para ver a Jesús, y cuando se reunió una gran multitud, él les contó esta parábola: Un sembrador salió a sembrar. Al esparcir la semilla, una parte cayó junto al camino; fue pisoteada, y los pájaros se la comieron. Otra parte cayó sobre las piedras y, cuando brotó, las plantas se secaron por falta de humedad. Otra parte cayó entre espinos que, al crecer junto con la semilla, la ahogaron. Pero otra parte cayó en buen terreno; así que brotó y produjo una cosecha del ciento por uno"
(Lucas 8:4-8).

Al crecer en una granja recibí muchas enseñanzas de la huerta que cultivaba nuestra familia. Allí cultivamos casi todos los vegetales que crecerían en la región del país en que vivíamos. Zanahorias, frijoles verdes, habas, arvejas, calabacín, maíz, papas, sandías y zapallos encabezaban la lista. También sembramos tomates, técnicamente clasificados como fruta, ¡no como verdura! Comimos, congelamos o envasamos la mayor parte de lo producido y dimos el resto a amigos y a trabajadores de paso.

Cultivar una huerta requiere sólo algunos pasos básicos. Primero se prepara el terreno, esto incluye arar la tierra y abrir los surcos. Luego, plantar la semilla. Dependiendo del tipo de la misma, debe mantenerse una distancia adecuada entre una y otra, y enterrarla a la profundidad adecuada. Tercero, con frecuencia se debe construir una valla alrededor de la huerta para protegerla de animales hambrientos. Cuarto, debe arrancar las malas hierbas que crecen alrededor de las plantas tiernas. Además, necesita regar el huerto si las lluvias no proveen suficiente agua. Finalmente, recoge el fruto en el tiempo adecuado para la cosecha.

Consideramos como buenos agricultores a quienes tienen la habilidad de cultivar flores, frutas o verduras. Esta gente tiene un don y una habilidad especial para hacer crecer las cosas. Anteayer dijimos que la nueva vida es siempre seguida de crecimiento. Hoy deseamos enfatizar el hecho de que tenemos la responsabilidad de nutrir la vida espiritual que Cristo nos da con el regalo del nuevo nacimiento.

> *Tenemos la responsabilidad de nutrir la vida espiritual que Cristo nos da con el regalo del nuevo nacimiento.*

El pasaje de la Biblia para hoy consiste en una de las parábolas de Jesús. Él enseñó de un agricultor que plantó semillas de la misma manera que mi familia solía hacerlo en nuestra huerta. Jesús llamó la atención sobre los cuatro lugares donde la semilla cayó. Algunas semillas cayeron sobre el mismo camino, algunas entre las rocas, otras entre espinos y algunas en buena tierra. Sólo la buena tierra produjo una cosecha abundante.

Jesús continuó y en los versículos 11-15 relata el significado de esa parábola. La semilla representaba la Palabra de Dios, los tipos de terreno representaban varios tipos de corazones humanos y los diferentes niveles de recepción del mensaje de Dios. Todos oyeron el mensaje pero respondieron de maneras diferentes, sólo el último grupo aprovechó al máximo su oportunidad.

En los próximos días, este libro le ofrecerá una variedad de opciones para preparar su corazón y vida para sacar el máximo provecho de la oportunidad que Cristo le da, de llegar a ser un hijo suyo que mantiene una relación personal cercana con Él. Cristo le ofrece el don de conocerlo; usted debe aceptar ese regalo y hacer su parte para sacar el mayor provecho de esta oportunidad. En su parábola Jesús advirtió de la intrusión del diablo, tiempos de prueba, las preocupaciones de la vida, riquezas y placeres. Todos estos intrusos son tan peligrosos hoy como lo eran en los días de Jesús. Usted debe priorizar los deseos de su corazón y su agenda para evitar los efectos destructores de estos intrusos sobre la cosecha.

Comencé la lectura de hoy hablando de técnicas de agricultura, no para darle una lección de horticultura, sino para establecer la conexión que existe entre el crecimiento de una huerta y el de la vida de un cristiano. Ambos comparten características comunes. Compartiremos más sobre estas observaciones

encuentro

en el resto del libro. Por el tiempo restante, note las siguientes conexiones.

- De la misma manera que un agricultor prepara el terreno, usted debe preparar su corazón para recibir el mensaje de Cristo para su vida. Como veremos en las lecturas siguientes, cada día, Cristo le envía notas con mensajes de amor. Usted debe esperarlas y desarrollar sus ojos espirituales para captar su llegada.

- Como el agricultor planta la semilla, usted debe recibir el mensaje de Cristo y plantarlo en su corazón y mente. En otras palabras, usted debe hacer el esfuerzo de oír con atención y enterrar profundamente estas palabras en su mente.

- Al igual que el agricultor debe construir un vallado para proteger la huerta de intrusos externos. Usted debe establecer barreras que impidan al diablo, los tiempos de prueba, las preocupaciones de la vida, riquezas y placeres, controlar sus pensamientos y agenda. Ellos vendrán, no lo dude. De todas maneras, esto no implica que usted deba perder el equilibrio de su vida espiritual.

- De la misma manera que el agricultor arranca las malas hierbas del suelo, usted debe proteger su corazón y vida diaria contra el acecho continuo de intrusos que obstruyan su crecimiento y efectividad espiritual. Malas actitudes, resentimiento, demasiada sensibilidad emocional y una actitud enfermiza contra otras personas estorban su crecimiento espiritual. Recuerde, las vallas nos protegen de los intrusos de afuera. Arrancar las malas hierbas es protección de los intrusos que surgen adentro.

- Como el agricultor riega la huerta, usted debe nutrir su vida espiritual con la variedad de opciones que Cristo le ofrece. La lectura de la Biblia, la oración, la meditación, la adoración, los sacramentos y el compañerismo cristiano nutren su vida espiritual. Usted explorará estos y muchos otros en las próximas seis semanas.

- Al igual que una cosecha abundante recompensa los esfuerzos del agricultor, su vida también producirá una cosecha espiritual para la gloria de Dios.

Una vez más, en los próximos días leerá más sobre estas observaciones. Usted necesita determinar hoy en su corazón y mente que desea seguir el ejemplo del buen agricultor. Trate su vida como una huerta en la que puedan madurar frutos espirituales para Dios y sus buenos propósitos.

Con frecuencia algunos de mis amigos comentan, cuando muere alguna planta hogareña, "Bueno, creo que no soy un buen agricultor". Ellos asumen que los buenos agricultores vienen al mundo con una serie de técnicas de horticultura grabada en sus genes; no es así, los buenos agricultores necesitan desarrollar sus habilidades. Usted también, debe nutrir sus habilidades para que crezca su relación con Cristo. En los próximos días, exploraremos buenas técnicas de crecimiento espiritual. Ore hoy para que Cristo le dé una visión de su deseo de ayudarlo a crecer en su andar con Él. Una vez que tenga esta visión clara en su mente, ore para que Él le ayude a ser receptivo a todo aquello con lo que quiere ayudarle en su crecimiento.

Día 4

Recuerde: Ser buen agricultor es una habilidad que debe ser aprendida.

Un sembrador salió a sembrar… (Lucas 8:5).

Día 5

LA MATRIZ

"Cuando Jesús recibió la noticia, se retiró él solo en una barca a un lugar solitario. Las multitudes se enteraron y lo siguieron a pie desde los poblados. Cuando Jesús desembarcó y vio a tanta gente, tuvo compasión de ellos y sanó a los que estaban enfermos." (Mateo 14:13-14).

Hace poco, estuve sentado en el Aeropuerto Internacional O'Hare de la ciudad de Chicago y observé a la gente sentada a mi alrededor. Un hombre, sentado a mi izquierda estaba tranquilo leyendo un libro. Otro, frente a mí, estaba buscando algo en la Internet en su computadora. Tres mujeres que conversaban animadamente estaban sentadas a mi derecha. Otro hombre que se hallaba sentado a mi derecha, pero algo más alejado, estaba obteniendo algo de información de su oficina. Una mujer joven que estaba sentada frente a mí, escuchaba sus canciones favoritas en su reproductor de música y al mismo tiempo leía un libro. Otras personas estaban sentadas ociosas y miraban pasar a otros pasajeros. Como ya notó, yo estaba absorbiéndolo todo.

Allí estábamos. Todos nosotros esperando el mismo avión para que nos lleve al mismo lugar, pero, en ese momento específico, todos teníamos diferentes niveles de relación entre nosotros, con el ambiente que nos rodeaba y la tecnología. Algunos aprovecharon el momento para interactuar socialmente o hacer negocios; otros para estar solos, educarse, entretenerse o relajarse. Otros, pusieron su mente en neutro y se abstrajeron.

Su vida es más o menos como esto, en un día cualquiera de su agenda, ¿no es así? Usted puede ir realizando las actividades diarias con su mente en neutro, simplemente abstraído por el trajín cotidiano. O bien, puede envolverse intensamente en las actividades que realiza y aprovechar el momento para una verdadera interacción socialmente o de negocios, estar solo, educarse, entretenerse o descansar. Usted decide.

Desafortunadamente demasiada gente se transforma en una especie de criatura de hábito y permanecen como auténticos fugitivos de ellos mismos.

Lo que quiero decir con esto es que, mientras realizan sus tareas cotidianas se insensibilizan tanto, que todo se reduce a tildar los objetivos logrados en su lista de cosas por hacer. Al hacerlo así, pierden conciencia de lo que en realidad sucede a su alrededor.

Permítame ilustrar lo que digo. Algunas veces permanezco observando fijamente el espacio en una profunda contemplación. Susana, mi esposa, me ayuda a regresar a la realidad con esa pregunta tan importante que las mujeres suelen plantear, ¿en que estás pensando? Entonces, me detengo y analizo mi proceso de pensamiento. "Nada", es mi respuesta; es decir, pasé los últimos cinco minutos pensando en absolutamente nada. Esto no tiene nada de malo si ocurre ocasionalmente, pero, aún así, puede ser un problema serio si permitimos que nuestro cerebro esté en esta actitud neutral por un período largo de tiempo para evitar un verdadero involucramiento con las responsabilidades de la vida diaria. Temo que hay demasiada gente que se halla sumamente ocupada, procurando estar más ocupada, que pierde la oportunidad de interactuar con las personas y eventos que forman parte de su vida diaria y, por esta razón, no experimentan el crecimiento personal y desarrollo que aquello produce.

> *Desafortunadamente demasiada gente se transforma en una especie de criatura de hábito y permanecen como auténticos fugitivos de ellos mismos.*

Ahora, la aplicación espiritual. Estoy seguro que usted está tan ocupado como yo lo estoy. Algunos días mi agenda se asemeja al plan de vuelos de una aerolínea internacional. Si tuviera que agregar al día una actividad más, no podría hacerlo. Nunca tengo la oportunidad de sentarme a pensar que haré con mi tiempo libre. ¡Imagino que usted tampoco!

Algunas veces estoy solo, pero con más frecuencia estoy con mi esposa Susana, o uno de mis mejores amigos, un grupo pequeño de creyentes o gente de la comunidad. Esta gente da forma a la matriz en la que mi vida se desarrolla. Esta matriz consiste en una red de conexiones entre individuos y grupos de trabajo, iglesia y la ciudad en que vivo.

encuentro

Vivir nuestra fe en Cristo, al igual que crecer en esta fe, no es una tarea adicional, como si agregáramos una actividad más a nuestra agenda. Es algo que realizamos mientras que desarrollamos nuestra vida cotidiana. Está totalmente adherida a la matriz de nuestras relaciones e interacciones, por lo tanto, tenemos que decidir entre participar de esta red de relaciones o perdernos en la monotonía de la rutina diaria.

La lectura bíblica para hoy ilustra esta verdad en la vida de Jesús. Él acababa de recibir una noticia terrible: su primo Juan el bautista había sido asesinado. Jesús necesitaba un tiempo solo para procesar la información y reagruparse con sus discípulos. Hizo el intento de apartarse para este fin pero el resultado fue que miles de seguidores le persiguieron. Él tenía todo el derecho de huir al desierto e interrumpir todo contacto humano pero, escogió no hacerlo. En lugar de eso, aprovechó al máximo el momento, enseñó a la gente, presentó verdades más profundas a sus discípulos y realizó uno de los mayores milagros de su ministerio.

Todos recuerdan la maravilla de alimentar a cinco mil hombres y sus familias según lo relata Mateo 14:13-21, Marcos 6:32-44, Lucas 9:10-17 y Juan 6:1-13. Solamente unos pocos de nosotros ubicamos el milagro en el contexto de un día en el que Jesús necesitaba desesperadamente apartarse y estar solo, pero la multitud invadió su espacio personal y sus mismos discípulos continuaban sin entender en qué consistía su ministerio.

En medio de esta agenda tan cargada, llegan malas noticias y una tragedia familiar. Jesús capturó el momento, comprendió la realidad de lo que acontecía en ese momento tan particular y lo utilizó para crear un encuentro espiritual con el Padre. Esto lleva a que la vida de los discípulos y demás seguidores experimenten crecimiento espiritual. El principio aquí es simplemente este: usted tiene que tener los ojos realmente abiertos para reconocer, en la cotidianidad que caracteriza los eventos diarios, la oportunidad de tener un encuentro con Cristo. Mientras vive en su propia matriz de relaciones, pregúntese continuamente a sí mismo, ¿cómo puedo encontrarme con Cristo aquí?

Piénselo de la siguiente manera. Nuestra vida fluye en dirección de ida y vuelta entre varios tipos de relaciones con otras personas a lo largo del día. Algunas veces estamos solos, otras veces estamos en el mundo con un amigo de confianza, o con un grupo pequeño de amigos cristianos, otras veces con la congregación entera o simplemente en nuestro trabajo o en un momento de diversión. Podemos hallar a Cristo, aprender de Él y crecer en Él en una variedad de formas en cada una de estas interacciones. Nuestra agenda, como dardos que se clavan en el blanco, nos ubica en variadas situaciones con diferentes personas a lo largo del día. Intercambiamos de contexto continuamente durante todo el día.

En las siguientes lecturas diarias durante las próximas cinco semanas, exploraremos el crecimiento espiritual que puede ser obtenido en los diferentes ambientes sociales en que participamos. El objetivo de este libro es enseñarle como puede hallar a Cristo en cada uno de esos contextos. Las citas se extenderán a largo de toda la vida, el resultado de ellas será que su carácter será cada vez más semejante a Cristo.

Día 5
Recuerde: Mantenga sus ojos bien abiertos para reconocer a Jesús en su vida diaria.

"Cuando Jesús desembarcó y vio a tanta gente, tuvo compasión de ellos y sanó a los que estaban enfermos..." (Mateo 14:14).

"Las almas fieles progresan en quietud y silencio, los significados escondidos de las Escrituras se aclaran y los ojos lloran con devoción cada noche. A medida que aprendemos a crecer en quietud, nos acercamos al Creador y nos alejamos de la confusión de este mundo. A medida que nos despojamos de los amigos y de las relaciones, somos visitados por Dios y sus santos ángeles".

-Tomás de Kempis (d.C. 1380-1471)

USTED PUEDE ENCONTRARSE
CON CRISTO SOLO

encuentro

Día 6

CONVERSACIONES TRANQUILAS

"Después de despedir a la gente, subió a la montaña para orar a solas. Al anochecer, estaba allí él solo... " (Mateo 14:23).

Cuando era niño tuve la fantasía de, algún día, hallarme en un lugar desierto. Creo que todo comenzó cuando vi la película Robinson Crusoe. Parecía tan simple. Hacer todo lo que deseara sin las imposiciones de la civilización. Podía explorar la isla durante todo el día y observar las estrellas por la noche. Podía comer las frutas típicas del lugar y tener una huerta con verduras (¡vea en el Día 4 los detalles sobre cómo haría esto!). Robinson Crusoe pareció arreglárselas muy bien, por lo que imaginé que yo también podría hacerlo. Nunca incluí en mis sueños serpientes, jabalíes furiosos ni huracanes. Más recientemente, Tom Hanks me hizo ver la realidad con la película *El náufrago*. ¡Estuvo en su isla realmente aburrido y se quedó sin nada que hacer!

Ahora que soy adulto, abandoné casi por completo la idea de mudarme a una isla solitaria. Si alguna vez decido reubicarme quiero que mi esposa venga conmigo. Tal vez podría hacerlo por algunas semanas para alejarme de teléfonos celulares, correos electrónicos, mensajes de fax, agendas, las tareas de la universidad, las de la iglesia y ¡el trabajo del jardín! Seguro que usted se identifica conmigo, ¿verdad?

Esta semana exploraremos la forma de hallarnos con Cristo en nuestro mundo privado. La idea de tranquilidad aparece en los títulos de la lectura para toda la semana porque Jesús dijo que nuestro tiempo con Dios debe ser un asunto privado (Mateo 6:6). En este mundo privado interactúan sólo Dios y usted. Pero, no podemos permanecer allí por demasiado tiempo porque Dios no nos diseñó para vivir toda nuestra vida en un confinamiento solitario. En realidad, Tom Hanks casi se vuelve loco en la absoluta soledad de la película El náufrago. ¡Comenzó a hablar con una pelota de voleibol! Los prisioneros que pasan períodos largos en confinamientos solitarios pierden el contacto con la realidad. Pero, pequeñas dosis de soledad demuestran ser esenciales para una buena salud mental y espiritual.

La gente evalúa de diferentes maneras el pasar tiempo a solas. Algunos lo ven como algo negativo y se sienten solos; otros lo ven de manera positiva y lo disfrutan. Depende la manera en que usted lo vea. La tristeza de estar solo resulta de pensar en lo que usted no tiene: compañía. Disfrutar el tiempo a solas, resulta de pensar en lo que usted tiene: quietud y tranquilidad.

> "Oración es la superabundancia del corazón. Es estar colmado y rebozante de amor y alabanza, como le sucedió en una ocasión a María, cuando el Verbo hecho raíz en su cuerpo. Así también nuestros corazones irrumpen en el Magnificat".
>
> André Louf (1929-)

Jesús vivió una vida muy ocupada y diariamente mantuvo un ministerio activo. Cuando usted lee los relatos sobre del ministerio de Jesús, la mayor parte del tiempo lo ve rodeado de gente y sus necesidades; aún así, ni siquiera Jesús pudo vivir de esta manera todo el tiempo. Usted necesita tiempo para estar a solas con Dios.

En la lectura bíblica para hoy vemos a Jesús apartarse de su ministerio, de las multitudes y aún de sus discípulos para estar solo. Jesús necesitó estar solo y disfrutar de una conversación tranquila con su Padre. Él podía aceptar muchas oportunidades de ministerio, atender muchas necesidades y recibir grandes cantidades de gente por largo tiempo, pero luego, necesitaba apartarse de todo y reencontrarse con el Padre en oración.

La vida de oración de Jesús debe haber sido contagiosa, porque sus discípulos quisieron aprender a orar como Él lo hizo (Lucas 11:1). Jesús llamó a la oración comunicación personal con el Padre, la cual varía como también lo hace nuestra comunicación con las demás personas.

- Algunas veces oramos para alabar a Dios por lo que Él es. Otras veces deseamos agradecerle por lo que hizo o está haciendo en el mundo o en nuestras vidas.
- Algunas veces le presentamos las necesidades de amigos o seres queridos. Otras veces llegamos con necesidades propias.

- Algunas veces sentimos un anhelo íntimo de compañerismo con nuestro Creador y Amigo. En otros momentos es una emergencia o situaciones difíciles que nos llevan a orar.

- Algunas veces oramos por fortaleza para realizar la tarea que tenemos por delante. Otras veces, un sentimiento de absoluta incapacidad para hacer algo correcto nos abruma.

- Algunas veces oramos con frases bien elaboradas y palabras cuidadosamente seleccionadas. Otras veces nuestra oración consiste en lamentos y quejidos en busca de ayuda.

Jesús nos enseñó casi todo lo que sabemos sobre la oración. Modeló muchos principios de oración para sus seguidores. Nos mandó a orar de una manera tan natural como lo es respirar Lucas 18:1. Además dijo que oráramos para tener compañerismo con Dios, no para impresionar a otros con nuestra habilidad de articular las palabras Mateo 6:7.

En el Padrenuestro hallado en el evangelio de Mateo (6:5-15) aparecen elementos esenciales para una vida de oración exitosa. Conversaciones tranquilas con Dios son un asunto personal, no para lucirnos públicamente (v.5). Debemos acercarnos a Dios como nuestro Padre celestial (v.9). Debemos reverenciarlo y honrarlo (v.9). Nos comprometemos a vivir como ciudadanos del reino de Dios en esta tierra y a obedecer su voluntad cuidadosamente, de la misma manera que los ángeles lo hacen en el cielo (v.10).

Reconocemos nuestra dependencia de Él para las provisiones de la vida (v.11). Necesitamos su perdón para nuestros pecados y errores y debemos manifestar la misma actitud para quienes nos fallan (v.12). Dios está dispuesto a perdonarnos y ayudarnos en la misma medida que nosotros lo hacemos con quienes nos hacen mal (6.14). Reconocemos el poder y la atracción de la tentación y buscamos la ayuda de Dios para resistirla (v.13). Finalmente, necesitamos la ayuda de Dios para mantenernos victoriosos sobre Satanás y todas las fuerzas del mal (v.13).

Jesús, durante su ministerio terrenal, habló frecuentemente con su Padre. Se apartó de las multitudes o pasó tiempo en oración en la mañana temprano (Lucas 6:12). El esperó delante del Padre antes de tomar cada decisión importante, como por ejemplo escoger a sus discípulos (Lucas 6:13). No importó que tan ocupado lo mantuviera su agenda, no permitió que sus ocupaciones le impidieran tener su tiempo con el Padre (Marcos 6:46). Él oró conversacionalmente de la misma manera que lo hizo con sus amigos (Juan 17:1-26). Descargó su corazón y luego pidió al Padre por la respuesta que considerara mejor (Lucas 22:42).

La Biblia no nos muestra una postura preferible para orar. Puede ser sentado, parado, caminando o arrodillado, use la manera más cómoda para comunicarse con Dios. La Biblia no nos prescribe un tiempo particular para que oremos. Si usted es una persona que le agrada levantarse temprano por la mañana, separe un tiempo en ese momento del día; si es de las personas que por la noche siente su mente más despejada, o más creativa, hable con Dios hacia el final de su día. Otras opciones adicionales para tener momentos de quietud junto a Dios pueden ser:

- Los varios momentos en que su actividad del día se detiene.
- Mientras conduce, vuela o espera en el consultorio médico.
- Mientras camina por el vecindario o por el parque antes o después de su jornada de trabajo.

Más allá de la razón o las palabras con las que nos acercamos a Dios, Él siempre nos da la bienvenida con los brazos abiertos, "Vengan, pongamos las cosas en claro…" (Isaías 1:18). Él ama el hecho de que nos acerquemos y se deleita en hablar con nosotros cuando estamos juntos, por eso nos enseñó a acercarnos con tanta frecuencia como nos sea posible. Hablo con Susana todos los días, no porque debo hacerlo, sino porque la amo y quiero hacerlo. Disfruto las oportunidades de pasar tiempo junto a ella conversando; lo mismo sucede cuando nos encontramos para conversar con Cristo. Entonces, halle tiempo para hablar con Cristo diariamente. Al hacerlo comenzará a ver a Jesús en formas frescas y nuevas.

Día 6

Recuerde: Jesús tuvo momentos de conversación tranquila con su Padre, hagámoslo nosotros también.

"… subió a la montaña para orar a solas…" (Mateo 14:23).

Día 7

ESCUCHAR EN SILENCIO

"Por aquel tiempo se fue Jesús a la montaña a orar, y pasó toda la noche en oración a Dios" (Lucas 6:12).

En este momento, estoy sentado a la orilla de un lago escuchando en quietud. Mis oídos perciben un mundo repleto de sonidos. Son al menos, unos 20 tipos de pájaros diferentes que cantan en los árboles por encima de donde me encuentro. Varios insectos atraviesan el aire con su actividad y zumbidos característicos. Un pájaro carpintero cava otro agujero por encima de mi cabeza. Grillos, ranas, gansos y ardillas juegan alrededor de la orilla del lago. Los peces chapotean en el agua al emerger ocasionalmente sobre la superficie. El viento susurra a través de las hojas de los árboles. Un granjero produce un sonido al clavar una madera en un cobertizo al otro lado del lago.

Tengo mis oídos tan condicionados a escuchar el retumbar de las calles, música, voces y otros sonidos producidos por el mundo civilizado, que tienden a desatender los sonidos de la naturaleza. Si unos minutos atrás me hubiera preguntado qué escuchaba, le hubiera respondido, "nada". Luego me detuve y comencé a escuchar quietamente y en forma repentina, todo otro mundo repleto de sonidos cobró vida para mí.

Ayer hablamos sobre la oración. La consideramos en forma primaria desde la perspectiva de hablarle a Cristo, pero orar también implica escucha silenciosamente cuando Cristo nos habla. Escuchar quietamente requiere más que quedarnos unos segundos en silencio después de expresar cada oración en una conversación. Significa romper nuestra adicción al ruido al apagar la radio, la televisión, el reproductor de música, el teléfono celular y la computadora. Implica eliminar todos estos sonidos y sintonizarnos con el sonido de la voz de Cristo.

> **Orar también implica escuchar silenciosamente cuando Cristo nos habla.**

Escuchar la voz de Cristo es uno de los privilegios más grandes de la vida. Seguidores de otras religiones oran a sus dioses, pero los cristianos oran diferente. Para las demás religiones del mundo, lo oración es una calle de un sólo sentido. Los seguidores hablan pero nunca reciben una respuesta directa, simplemente envían una carta al buzón de sus dioses. Éstos creyentes oran usualmente para apaciguar la ira de ese dios o para obtener un favor. Los Judíos y los cristianos ven la oración como una calle de doble sentido con Dios. Ambos escuchan y responden, como una conversación telefónica. Se vuelve un momento de íntima amistad.

Una vez dicho lo que deseamos decirle a Cristo, debemos aprender a sentarnos en quietud y escuchar su respuesta para nosotros. Un niño de nueve años de edad, hace poco me preguntó cómo reconocer la voz de Cristo. Esta pregunta importante tiene una respuesta simple. Usted aprende a reconocer su voz al tomar nota mentalmente cada vez que escuche la voz de Dios hablándole. Estoy sorprendido de que tan rápido nuestra nieta Mia aprendió a reconocer las voces de sus padres en un cuarto lleno de personas hablando. Ninguno de nosotros le enseñó de la misma manera que enseñamos trucos a un cachorrito. Mia lo aprendió por medio de una cercana relación diaria.

Orar le ofrece la oportunidad de compartir sus necesidades e inquietudes con Cristo. Una vez que terminamos de hablar y escuchamos reposadamente notará que:

- Cristo puede ayudarle a evaluar y clarificar su situación. Su problema puede parecer enorme e indefinido antes de orar por el mismo, pero Cristo le ayudará a enfocar de manera adecuada, como cuando ajustamos la imagen de la pantalla de la computadora.
- Cristo puede ayudarle a ubicar la situación en la perspectiva adecuada. Su problema puede parecer insoluble antes de orar, pues está demasiado "inflado". Cristo le quita el aire innecesario como cuando desinflamos un globo, Él lo reduce a un tamaño manejable.
- Cristo le recuerda que usted no enfrenta su situación solo. Él le asegura que está con usted para ayudarle, viene y se para a su lado, como un amigo que viene en su ayuda.

- Cristo le da la actitud, o la disposición mental correcta para ver el problema en su perspectiva adecuada. Con frecuencia nos acercamos a Cristo con una perspectiva egocéntrica. El tiempo que pasamos con Él nos ayuda a dar un giro y comenzamos a ver las cosas desde su perspectiva.

- Escuchar en quietud le da a Cristo la oportunidad de trabajar en su vida o en sus circunstancias, de formas en que no lo haría sino venimos y esperamos delante de Él. El todopoderoso creador del universo escoge trabajar por medio suyo si usted se abre a su voluntad y propósito. La oración abre el canal para la participación de Cristo a medida que escuche su voz.

La próxima vez que llegue al final de su tiempo de oración no se quede únicamente en silencio, en lugar de esto, extienda este momento con un tiempo de espera tranquila delante de Cristo para escuchar su voz apacible. También puede escoger tener períodos más cortos de espera durante el tiempo mismo de oración. Esto puede dirigir su pensamiento en una forma más productiva que si dijéramos todo lo que necesitamos en un primer período de oración. Cristo bendecirá su esfuerzo y le hablará en la medida que usted le escuche.

> *Silencio y contemplación es de más valor*
> *que acumular simplemente tiempo.*

Usted debe ajustar esta práctica a su personalidad y agenda. La cantidad de tiempo apartado para escuchar en silencio variará de acuerdo con su necesidad particular o circunstancia. Silencio y contemplación es de más valor que simplemente acumular tiempo.

Otras opciones para escuchar en quietud, pueden incluir:

- Apagar la televisión, radio, reproductor de música y otros aparatos por determinados períodos de tiempo para aclarar su mente de la contaminación del ruido.

- Visitar un parque u otros lugares naturales para comunicarnos con Cristo por medio de ellos, en medio de la vida metropolitana.

- Conducir nuestro automóvil al trabajo o algún lugar cercano a casa en silencio mientras escuchamos la voz de Cristo.

- Tomar un tiempo de retiro y separarse por un tiempo de su agenda llena, otras personas y obligaciones.

- Dejar de lado todos los ruidos y actividad del día domingo, excepto ir a la iglesia.

Al practicar escuchar a Dios en silencio, usted experimentará que algunos medios de comunicación y sonidos disminuyen. Nuestro hijo Brent en el noveno año de la escuela realizó un experimento que requirió que él evitara ver televisión por dos semanas. ¡Yo no estaba seguro de que él, o sus padres, sobrevivirían! A partir de ese experimento puse más atención a mi agenda y siempre hallé tiempo para esta tan importante práctica espiritual que consiste en oír en reposo.

¿Recuerda a nuestros amigos de quienes le hablé el Día 1, que bebían incontables vasos de té helado en su hamaca en la parte trasera de la casa? Ellos no pasaron cuarenta años juntos tomando té y hablando permanentemente. Algunas veces sólo se sentaban y disfrutaban del compañerismo mutuo. No hablaban palabras, pero ambos disfrutaban de esta compañía al estar uno en la presencia de otro. Piense en esto la próxima vez que se encuentre con Cristo. ¡Disfrute el simple hecho de estar junto a Él!

Día 7

Recuerde: Cristo siempre nos habla. Debemos sintonizar nuestro oído para oírle.

"Por aquel tiempo se fue Jesús a la montaña a orar, y pasó toda la noche en oración a Dios" (Lucas 6:12).

Día 8

LECTURA PRIVADA

"Fue a Nazaret, donde se había criado, y un sábado entró en la sinagoga, como era su costumbre. Se levantó para hacer la lectura" (Lucas 4:16).

Por causa de mi trabajo viajo con frecuencia. Cada vez que estoy lejos de casa, especialmente si estoy fuera del país, busco formas de contactarme frecuentemente con mi esposa. En estos tiempos lo hacemos por medio de correos electrónicos. Dondequiera que voy busco una cafetería con una computadora, en la que ofrezcan servicio de Internet donde rápido me registro y leo el último mensaje de Susana. Antes de la existencia del correo electrónico, nos comunicábamos por medio de máquinas de fax, buscaba un banco, hotel o tienda con una de estas máquinas y hacíamos arreglos para enviar y recibir mensajes durante el tiempo de mi estadía en un determinado lugar. Las líneas de teléfono, de aquellos tiempos, no eran buenas en muchos países a los que viajaba. Algunas veces tenía que esperar 20 intentos antes de recibir una copia legible, pero la frustración se iba cuando tenía el mensaje de mi esposa Susana en mis manos.

¿Qué supone que hago cuando recibo un fax o un correo electrónico de Susana? ¿Lo dejo a un lado para leerlo más tarde? No. Lo leo inmediatamente. Luego, lo leo otras veces durante el día, y me detengo a pensar en cada palabra. ¿Por qué pongo tanta atención en esta simple hoja de papel? Porque contiene un mensaje para mí escrito por la persona más importante en mi mundo. Las relaciones amorosas prosperan por medio de la comunicación.

El mismo principio es válido para nuestra relación con Dios. Él es un Dios que usa palabras para comunicarse. Habló y nuestro mundo fue hecho. Conversó con Adán y Eva en sus caminatas por el huerto al atardecer. Se comunica por medio de la Biblia con aquellos que lo adoran. No tenemos necesidad de adivinar para saber quién es Él, a qué se parece o cómo podemos relacionarnos mejor con Él. Dios nos muestra todo esto de una manera sencilla y clara para que, hasta el niño más pequeño, pueda entenderlo. ¿Por qué? Porque usa palabras para comunicarse, palabras que podemos entender.

Somos parte de una generación privilegiada. Tenemos una copia de las palabras de Dios en un libro que nos presenta a un Dios real y maravilloso. Este libro pretende relacionarnos con Dios más que enseñarnos hechos sobre Él. En realidad, nos dice todo lo que necesitamos saber para mantener una relación personal y cercana con Él.

Este libro, desafortunadamente, se halla mezclado con muchos otros en los estantes de nuestras casas. El tiempo que podríamos pasar con este libro se pierde entre muchas otras cosas que hacemos durante el día. Por esto nuestros correos electrónicos de parte de Dios quedan, con frecuencia, sin ser leídos.

El pasaje de la Biblia para hoy nos presenta el comienzo del ministerio de Jesús en su propio pueblo, Nazaret. Fue a la iglesia, como siempre lo hacía, en el día establecido para la adoración. El sacerdote de la sinagoga le pidió que leyera un pasaje de la Escritura para ese día. Abrió el rollo en Isaías 61:1-2 y leyó. Usted puede leer el resto del relato en Lucas 4. Ahora, quiero que pensemos en las palabras de Lucas 4:16. ¿Cómo es que Jesús encontró un pasaje de la Escritura tan apropiado para ese momento? Porque la leía con frecuencia, conocía bien el mensaje contenido y supo dónde hallar un pasaje específico para una necesidad particular.

> "Lea muy despacio. No debe pasar de un pasaje a otro,
> sino hasta que sienta en su corazón aquello que leyó.
> Luego, puede tomar ese pasaje de la Escritura ...
> y transformarlo en oración".
> Madame Guyon (1648 – 1717)

A medida que lea los relatos de los evangelios, notará que frecuentemente Jesús usaba las Escrituras en su ministerio. Con anterioridad, en Lucas 4:1-13 leemos de Jesús enfrentado con el diablo durante su período concentrado de tentación. ¿Cuál fue su arma contra el diablo? La Escritura. Jesús contestó sus críticas con la Palabra de Dios, también confortó a sus discípulos y a otros con pasajes de la Biblia; aún, recitó el Salmo 22 mientras colgaba de la cruz. Sin dudas, Jesús leyó la Biblia con frecuencia, memorizó pasajes enteros y utilizó su mensaje para satisfacer la necesidad de la gente en su momento oportuno.

Jesús vino a la tierra por muchas razones, una de ellas es darnos ejemplo de cómo vivir. El hábito de Jesús de leer la Biblia ofrece un patrón para nuestras propias vidas. Él no leyó la Biblia por obligación o como un simple ritual, la leyó para estar en contacto con su Padre y oír sus palabras de amor, apoyo y seguridad una y otra vez. Él apreció esas palabras como alimento para su vida espiritual.

> *El hábito de Jesús de leer la Biblia ofrece*
> *un patrón para nuestras propias vidas.*

La lectura devocional para hoy no pretende que usted se sienta culpable, ya tiene demasiadas carga con las demandas propias en su trabajo, sociedad y las presiones de la vida. Si usted piensa de la lectura de la Biblia como otra tarea, de las tantas que debe realizar el día de hoy antes de irse a la cama, se equivoca, debe recordar que Dios provee la Biblia como una carta de amor para usted. Es como los faxes y correos electrónicos que recibo de mi esposa cuando viajo. Caminaré o andaré en el vehículo que necesite tan lejos como sea necesario para recoger esos mensajes del amor de mi vida. No veo los obstáculos que debo superar para conseguir esos faxes o correos electrónicos como una obligación, son inconvenientes sin mayor importancia. Recuerdo que en una ocasión tuve que viajar en metro, luego en autobús, y así cruzar toda la ciudad de Moscú para recibir un fax de Susana.

Trato a diario con estudiantes universitarios, pienso que escuché casi cada excusa imaginable de ese enorme libro de excusas creativas que intentan justificar por qué no entregan a tiempo las tareas asignadas en clase. Al menos, una ya no la usan, "el perro se la comió", ahora dicen, "mi computadora la perdió". Cuando analizo sus agendas, veo que son muy sociables, van a clases, hacen ejercicios en el gimnasio, practican deportes, comen en la cafetería y tienen un trabajo de medio tiempo o completo. En otras palabras, hacen prácticamente lo que quieren hacer durante un día determinado. La razón por la que no completan sus tareas, la mayoría de las veces, es porque no es la prioridad principal en su lista.

Todos llevamos vidas muy ocupadas, tenemos para cada día más obligaciones de las que podemos cumplir. Por esta razón establecemos prioridades, para estar seguros de que haremos las cosas que requieren atención inmediata. Leer la Biblia debe ser una prioridad permanente. La lectura de la Biblia nunca debe compararse con tomar la medicina para el resfrío, es decir, tiene mal sabor pero es bueno para nosotros. La Palabra de Dios nos pone en contacto con el mejor amigo de nuestra vida. Nos guía a diario. Nos equipa para resistir las tentaciones y tensiones de la vida. Nos muestra cómo vivir una vida exitosa y que a la vez, agrade a Dios. Además, es la ayuda necesaria en tiempo de necesidad.

Jesús conocía tan bien la Biblia y su mensaje, que la podía aplicar a cada situación que enfrentó. Usted puede hacer lo mismo, nunca es demasiado tarde para comenzar. El diablo miente cuando le dice que no tiene tiempo, o que la Biblia es demasiado difícil de entender y que usted no está calificado para hacerlo.

Siéntese, tome la carta de amor que Dios le envió y lea un pasaje. Luego, escuche en silencio como tratamos ayer. Escuche cómo le enseña la voz del Espíritu de Cristo. Aplique las verdades de la Palabra de Dios a su vida. Observe cómo el cuadro de su vida comienza a aclararse otra vez. Se sorprenderá de ver cómo el Espíritu aplica la Palabra de Dios a su vida y la dirige.

La mayoría de la gente lee la Biblia durante su tiempo de conversación tranquila o reposada con Dios, normalmente esto funciona muy bien, pues se separa un tiempo determinado para que nuestro corazón y mente reconozcan la voz de Dios. Aún así, es posible escuchar esa voz de las siguientes maneras:

- Leer la Biblia mientras esperamos en el consultorio del médico o en el aeropuerto.
- De notas que copiamos y las tenemos frente a nosotros en el espejo, en la visera de nuestro automóvil o en nuestro lugar de trabajo.
- Escuchar la Biblia de un disco compacto mientras conducimos.
- Cantar coros compuestos con versículos de la Biblia.

Encuentre el método más adecuado para usted, no importa lo que haga, recuerde, ¡usted tiene un mensaje esperando de parte de Dios! Encuentre un tiempo para leerlo, al hacerlo, verá a Cristo en formas nuevas.

Día 8
Recuerde: Dios le envió una carta de amor. Léala.

"... Se levantó para hacer la lectura" (Lucas 4:16).

Día 9

PENSAR EN REPOSO

"Al cabo de tres días lo encontraron en el templo, sentado entre los maestros, escuchándolos y haciéndoles preguntas. Todos los que le oían se asombraban de su inteligencia y de sus respuestas" (Lucas 2:46-47).

Mi esposa posee la habilidad especial de organizar. No interesa lo que haya que organizar, ella evalúa la situación, examina los componentes necesarios y comienza a ubicarlos en categorías lógicas. De inmediato, se adueña de la situación y halla un lugar para cada cosa y ubica cada cosa en su lugar. Aún pone etiquetas, por categorías, para que más tarde cada cosa regrese al lugar que corresponde. Susana tiene la misma habilidad de esas estrellas de televisión que hacen de hogares desastrosos un lugar digno para la vida.

Al pensar en el tema de hoy, recuerdo la habilidad de organizar que tiene mi esposa, pues tiene relación. En primer lugar, mi esposa desarrolla un sistema para organizar en categorías, luego ubica los objetos en la categoría correspondiente. El mismo principio se aplica a pensar en reposo. El tema de hoy nos ofrece la oportunidad de examinar otro aspecto de nuestros encuentros solitarios con Cristo. Hasta aquí, exploramos nuestras conversaciones con Dios, sus respuestas para nosotros y la lectura de su Palabra. En lo que a nosotros respecta, pusimos nuestros problemas, asuntos y necesidades delante de Él. Hemos escuchado sus observaciones en relación a estos temas. Además, hemos leído la Biblia y permitido al Espíritu Santo aplicarla a nuestras vidas.

El próximo paso de nuestro encuentro con Cristo nos invita a detenernos y reflexionar para separar toda esta información y enseñanza, ubicándolas en categorías para usarlas en el futuro. Debemos hacerlo para mantener la comunicación de Dios con nosotros para referencia futura y que la experiencia en nuestra vida cristiana crezca y se desarrolle.

En el pasaje de la Escritura para hoy, Jesús ilustra los beneficios de pensar en reposo. Siendo de 12 años de edad pasó tanto tiempo meditando en reposo y en oración, sobre las verdades de la Biblia y los mensajes que recibió de su Padre, que, con su comprensión y perspicacia, sorprendió a los maestros en el templo. En otras palabras, Jesús como adolescente, comprendió la importancia de reflexionar sobre verdades espirituales, las transformó en parte de sus procesos mentales y las aplicó a su vida.

Jesús como adolescente, comprendió la importancia de reflexionar sobre verdades espirituales, las transformó en parte de sus procesos mentales y las aplicó a su vida.

Siempre me intrigaron versículos de la Biblia como Lucas 5:16, "Él, por su parte, solía retirarse a lugares solitarios para orar". Note que Jesús, con frecuencia, se desconectaba de la gente y la actividad para tener compañerismo con el Padre. Creo que Él usaba estos momentos, no sólo para orar y escuchar las respuestas de su Padre, sino también para separar y reubicar todo en su mente para regresar al flujo de la sociedad y continuar su ministerio público. Jesús sorprendió a las multitudes continuamente con menciones rápidas de la Escritura para cada situación (Marcos 11:18). Pudo hacerlo porque no sólo leía la Biblia, Él pensaba sobre su mensaje y se llenó de su verdad para referencias futuras.

Nuestra sociedad no valora en forma adecuada el hábito de pensar reposadamente. Tenemos demasiados lugares donde ir, demasiada gente que ver y demasiadas cosas que hacer como para detenernos y reflexionar reposadamente en la vida interior de nuestra mente y corazón. Además de esto, se nos dice que el pensamiento serio es para intelectuales. La sociedad contemporánea enfatiza más el hacer que el ser. Por esta razón recibimos premios en la escuela, trabajo y aún en la iglesia por destacarnos en realizar un número infinito de tareas. Este es el lado de la vida que consiste en hacer, pero, ¿qué podemos decir del lado de la vida que consiste en ser? ¿Qué sucede con la salud y el bienestar de nuestra mente? ¿Cuánta atención ponemos en mantener una bien organizada y centrada vida interior?

Cuando menciono una vida interior centrada, no me refiero a practicar yoga o a algún otro de los tantos rituales religiosos de moda en la sociedad occidental. Más bien, hablo de la práctica espiritual cristiana de reflexionar sobre las enseñanzas que recibimos por medio del Espíritu Santo y organizarlas en una forma adecuada que permita producir crecimiento espiritual. Cristo vendrá a nuestro encuentro también de esta manera.

Nuestra sociedad no valora en forma adecuada el hábito de pensar reposadamente.

Durante el ministerio de Jesús, uno de los maestros de la ley le pidió identificar el mandamiento más importante. Él respondió, invitándonos a amar a Dios y a nuestro prójimo como a nosotros mismos (Marcos 12:28-31). Una de las formas de amar a Dios que Jesús mencionó es "con toda nuestra mente" (v.30). Sin duda, implicó muchas cosas con esta simple frase. Una función clave de la mente es pensar en lo que vemos, escuchamos, olemos, gustamos, leemos y experimentamos cada día. El problema es que gran parte del tiempo estas sensaciones y experiencias atraviesan nuestras conciencias sin ser capturadas, organizadas en pensamientos y guardadas para referencia futura. Cuando dedicamos tiempo a recibir, organizar y guardar toda esta información, nos apropiamos de ella para usarla en el futuro.

Me entristece escuchar a personas cristianas decir, "estoy demasiado ocupado para pensar". Desafortunadamente, estas personas perderán mucha de la enseñanza que Cristo tiene para ellas porque escogen no tomar tiempo para amarlo a Él con sus mentes. Corren de día en día ocupados en un sinnúmero de actividades y, probablemente sólo repiten las mismas experiencias espirituales por causa de su desatención. Viven como hipnotizados al repetir vez tras vez las mismas experiencias.

Esta gente se parece mucho a los pobres pájaros que viven en nuestro patio trasero. Uno de ellos hace la misma cosa triste cada primavera. Ve a través de la ventana que nuestra sala es un lugar ideal para construir su nido. Entonces, vuela hacia la sala y choca con la ventana. Después de caer al suelo, se levanta, sacude la cabeza para quitarse el adormecimiento a causa del golpe, vuela hacia la rama del árbol en que estaba y repite todo el proceso otra vez.

Desafortunadamente, este pájaro continuará haciendo lo mismo hasta que un día morirá en el intento. Susana y yo nos preguntamos, "¿por qué no aprende de sus experiencias previas?"

Conozco muchos cristianos pigmeos que parecen estancados en su vida espiritual, su compromiso con Cristo permanece intacto. Entonces, ¿cuál es su problema? Una agenda demasiado sobrecargada los mantiene tan ocupados que nunca tienen tiempo para detenerse y pensar sobre lo que escuchan cuando Dios les habla por medio de la Biblia, la oración, un sermón, una canción o un libro cristiano o directamente por el Espíritu. La vida va demasiado rápida como para permitir procesar todo lo que sucede. En consecuencia, languidecen espiritualmente.

Para los cristianos pensar en reposo implica sentarse solos en un lugar solitario periódicamente y evaluar toda enseñanza espiritual que llegue a sus vidas. Luego, la guardan en compartimentos de su mente para acceder a ellas más tarde. Se asombrará de las conexiones que comenzará a realizar entre lo que aprende hoy y lo que aprendió un mes o un año atrás. Luego de un extenso período comenzará a ver un cuadro más completo de su vida espiritual y de la participación que Cristo tiene en ella.

Día 9

Recuerde: Se necesita tiempo para detenerse y pensar.

"Todos los que le oían se asombraban de su inteligencia y de sus respuestas" (Lucas 2:47).

Día 10

ESCRIBIR EN TIEMPOS DE QUIETUD

"Entonces dijo María: —Mi alma glorifica al Señor, y mi espíritu se regocija en Dios mi Salvador" (Lucas 1:46-47).

Susana comenzó un hábito nuevo la semana previa a la llegada de nuestra nieta Mia a nuestras vidas. Tomó un libro forrado en cuero con sus páginas en blanco, se sentó y comenzó a escribir notas a Mia sobre momentos significantes vividos juntos. Su plan es dárselo algún día como recuerdo. Algunas de las notas harán reír a Mia, como la del día en que le dimos a comer puré de patatas y había más puré sobre ella y en nosotros que en su boca. Algunas le recordarán su herencia espiritual, como el día en que la dedicamos a Jesús. Mi esposa dice que documentar estos momentos especiales es importante. Yo creo que está en lo correcto.

Esta semana consideramos la importancia de pasar tiempo especial en soledad con Jesús. Vimos diferentes formas en las que podemos hacer esto. Hoy queremos hablar sobre escribir nuestros pensamientos y reacciones en un tiempo de quietud. La mayoría de los libros se refieren a esto como "llevar un diario", pero no deje que la expresión le asuste. No exploramos un ejercicio en el arte del lenguaje. Hablamos de poner por escrito, en forma organizada o no, nuestros pensamientos, eventos y lecciones espirituales, preguntas, peticiones de oración, oraciones contestadas, versículos especiales de la Biblia, desafíos de parte de Dios, nuestras respuestas a esos desafíos, esperanzas, temores y anhelos. Podemos escribirlos a mano en un simple cuaderno, en un cuadernillo de hojas cambiables o en un diario forrado en cuero. También puede escribir sus pensamientos en una computadora o máquina de escribir. Algunas personas registran sus pensamientos en una grabadora. No interesa el medio o método que utilice. Puede hacerlo a diario, cada semana o durante tiempos espirituales significativos para su vida. No se deje atar por la idea de que falla si no escribe sus pensamientos cada día. Lo importante es que registre estos pensamientos espirituales para usarlos en el futuro.

En nuestro pasaje de la Escritura para hoy, María la madre de Jesús registró mentalmente sus pensamientos y sentimientos sobre el momento en que comprendió que fue escogida por Dios para traer a nuestro Salvador a este mundo. Lea el pasaje entero en Lucas 1:46-55. En la nota de su diario, ella adoró a Dios, recordó sus hechos en la historia de la humanidad y reconoció las cosas que Dios valora.

Libros sobre cómo escribir un diario cristiano son abundantes y excelentes, por lo que no intentaré en este breve devocional cubrir muchos aspectos sobre el tema. Aún así, quiero llamar la atención sobre la importancia de registrar sus pensamientos y conectar este ejercicio con las prácticas espirituales ya tratadas.

Tiempos de calma para escribir le dan una herramienta para reflexionar en sus momentos de soledad con Cristo. Esos escritos se transforman en un registro de las obras de Dios en su vida. Tal vez uno de los mejores ejemplos de escribir nuestros pensamientos en forma regular es el libro de Salmos. Allí el rey David y otros registraron su peregrinaje espiritual para que sus lectores puedan viajar con ellos a través de los altos y bajos de una vida vivida junto a Dios. Algunos salmos nos recuerdan las estaciones y ciclos de la vida. David no disimula, nos dice cómo se siente con exactitud. Algunos días alaba a Dios en los cielos más elevados. Otros días cuestiona la forma en que Dios se manifiesta en su vida. El libro de Salmos permanece popular para los creyentes de hoy por su candor y honestidad sobre las victorias y derrotas de la vida espiritual.

Tiempos de calma para escribir le dan una herramienta para reflexionar en sus momentos de soledad con Cristo.

Escribir en tiempos de quietud cumple varios propósitos. El simple hecho de poner sus pensamientos en la pantalla de la computadora o en un papel, le ayuda a verbalizar sus sentimientos, o lo que es lo mismo, le ayuda a entenderse mejor a usted mismo y su situación. Entenderse a uno mismo, a menudo representa el 90% de la batalla. El Espíritu de Cristo con frecuencia usa tres momentos de toma de conciencia para revelarle nuevas verdades sobre usted mismo: sus motivos, sus metas y la dirección de su vida en el momento presente. Él aún puede incluir algunas correcciones si usted está abierto a recibirlas.

Anotar sus pensamientos se transforma en una forma tangible de registrar nuevas ideas y descubrimientos de nuestros tiempos de conversación, escucha, lectura y pensamiento en reposo. Escribir los pensamientos le ayuda a clarificar el mensaje de Cristo para su vida. Si usted no los anota, se perderán como parte de la semilla que Jesús menciona en la parábola del sembrador (Lucas 8:4-8).

> *Escribir los pensamientos le ayuda a clarificar*
> *el mensaje de Cristo para su vida.*

Como sucede con los hábitos de escuchar y conversar en quietud, escribir en tiempo de quietud produce el efecto de reducir los problemas a un tamaño manejable. La zona de su cerebro que trata con las preocupaciones tiene una increíble capacidad para aumentar el tamaño de los problemas. Puede hacerlos tan grandes como la celebración de la independencia en algunos de nuestros países. Escribir las observaciones provistas por el Señor sobre estos problemas ayuda a comprender que cuando Él camina entre usted y sus problemas, dejan de parecernos tan grandes como parecían al principio.

Mirar hacia atrás, en las anotaciones hechas después de una semana, un año o una década, nos ayuda a ver la mano de Cristo trabajando en formas que con frecuencia pasan desapercibidas en el día a día. A menudo, el diablo usa persistentemente la mentira de que Cristo no ayuda a sus hijos. Los relatos escritos que usted hace de las formas en que Cristo obró en usted dicen todo lo contrario. Escribir en tiempos de quietud le ayuda a recordar lo que Dios hizo por usted a los largo del camino.

Una mirada retrospectiva a sus anotaciones también señala las verdaderas metas y prioridades de su vida, como también sus áreas vulnerables y debilidades. Será capaz de ver juntas las cosas buenas y malas que puedan suceder a lo largo de la vida. Esto también le ayudará a mantener sus metas y prioridades centradas en Cristo y pedir su voluntad y ayuda para su vida cuando lo necesite.

Dejar un registro escrito de su peregrinaje espiritual también beneficia a sus hijos y nietos, pues les deja un legado de su andar con Dios. Se que esta es una de las motivaciones de Susana en escribir para nuestra nieta Mia. Ella quiere estar segura que Mia sepa todo lo que no tenga tiempo u oportunidad de decirle sobre su andar en fe. El registro de su fidelidad inspirará a la próxima generación a llevar en alto la antorcha de la piedad.

Hemos tratado las formas obvias de poner por escrito, en su libro o computadora, sus pensamientos y nuevas ideas, además de estas formas evidentes, puede también considerar anotar las observaciones de su andar espiritual:

- En el cuaderno que usa para estudiar la Biblia.
- En el margen de su Biblia.
- Resaltando con un marcador mientras lee algún libro.
- En tarjetas que luego puede ubicar en un espejo o en su lugar de trabajo y luego las puede guardar para referencia futura.
- En correos electrónicos enviados a un amigo de confianza.
- En un álbum con fotos de eventos espirituales significativos.

El método puede variar, pero la meta de registrar sus pensamientos permanece intacta: encontrarse con Cristo al meditar juntos en su jornada.

Día 10

Recuerde: Registrar los momentos significativos en nuestro peregrinaje espiritual demanda tiempo.

"Entonces dijo María: —Mi alma glorifica al Señor, y mi espíritu se regocija en Dios mi Salvador" (Lucas 1:46-47).

Día 11

SIMPLEMENTE SIMPLE

"Se le acercó un maestro de la ley y le dijo: —Maestro, te seguiré a dondequiera que vayas. —Las zorras tienen madrigueras y las aves tienen nidos —le respondió Jesús—, pero el Hijo del hombre no tiene dónde recostar la cabeza" (Mateo 8:19-20).

Susana y yo acompañamos a estudiantes en viajes de Trabajo y Testimonio por los primeros 20 años de empleo en la universidad donde trabajo. Visitamos todos los países de Centroamérica, excepto Nicaragua, así como varias islas del Mar Caribe, además de cuatro países de Sudamérica. A varios países viajamos más de una vez. Nuestro hijo Brent nos acompañó en la mayoría de estos viajes. Comenzó a viajar por el mundo a los nueve años de edad. Al jugar con los niños hizo amigos en cada uno de estos países, amigos con los cuales aún habla hoy.

Nos dimos cuenta del impacto que estos viajes ejercieron en él en la primera navidad posterior a su primer viaje internacional. Cuando le preguntamos que quería de regalo para navidad, respondió, "Nada. Tengo todo lo que un niño necesita". Insistir en hacerle pensar en algo sirvió de muy poco, él se sintió plenamente bendecido comparado con sus amigos en Centroamérica. Ahora, no me malinterpreten, él miraba dibujos animados como cualquier otro niño de su edad. Por esta razón, conocía todos los juguetes de moda en las tiendas. Aún así, Brent, a una edad muy temprana, decidió que la acumulación de posesiones no era un propósito digno por el cual vivir. Esta lección recibió un refuerzo durante su tiempo en la universidad al pasar un verano en India. Ese viaje solidificó su sistema de valores por el resto de su vida.

En nuestro pasaje bíblico para hoy, Jesús llamó la atención sobre el hecho de que Él poseía muy pocos bienes materiales en este mundo. Él no usaba la pobreza como un distintivo o para condenar la posesión de riquezas, sencillamente hizo la observación de que ser su seguidor tiene implicaciones de simplicidad. Mi abuela Danley nos mencionó este versículo de la Escritura. Por aquel entonces no podía entender las razones. Más tarde comprendí que ella quería recordar a sus nietos la necesidad de evitar la trampa del materialismo (¡creo que ella pensaba que teníamos demasiados juguetes!).

Hoy escogí consider este pasaje porque ilustra el ejemplo que Jesús estableció con su vida. Tal vez, la advertencia más clara de sus enseñanzas nos llegó al decir, "No acumulen para sí tesoros en la tierra, donde la polilla y el óxido destruyen, y donde los ladrones se meten a robar. Más bien, acumulen para sí tesoros en el cielo, donde ni la polilla ni el óxido carcomen, ni los ladrones se meten a robar. Porque donde esté tu tesoro, allí estará también tu corazón" (Mateo 6:19-21). Otra vez las palabras de Jesús nos aconsejan evitar la confusión ocasionada por muchas posesiones materiales, el esfuerzo por mantenerlas, la preocupación de protegerlas contra ladrones y el peligro de darles demasiado valor. Debemos ser dueños de nuestras posesiones, no ser poseídos por ellas. Nunca debemos definir nuestro valor por las posesiones que tenemos, el automóvil que conducimos o la casa que habitamos. Hallamos nuestra verdadera identidad como hijos de Dios y ciudadanos de su Reino.

Hallamos nuestra verdadera identidad como hijos de Dios y ciudadanos de su Reino.

El elemento clave de nuestro sistema de valores debe ser Cristo y su reino, todo lo demás debe estar sujeto a Él. Al comparar nuestra vida con una calculadora y apretar el botón "Total", Cristo y su reino deben ser la única cosa que realmente importan. Simplemente simple nos invita, en la medida que cortemos las ataduras con las posesiones materiales, a encontrarnos con Cristo en formas nuevas. Nos presenta invitaciones para expresar generosidad hacia otros. Remueve las trampas de la codicia y la envidia. Desenreda nuestra agenda de materialismo complicada, confusa y distraída. Libera tiempo, energía y esfuerzo para ser invertido en objetivos más productivos que mantener nuestra caja de juguetes llena de baratijas materiales. Reduce nuestros viajes al centro comercial y las compras realizadas con el sólo propósito de distraernos o impresionar a nuestros vecinos. Nos ayuda a dejar pasar lo innecesario. Nos recuerda que debemos cuidar de nuestro delicado planeta. Nos enseña a disfrutar de los placeres simples de la vida como caminar por el parque, observar la puesta del sol, un copo de nieve, una tela de araña o una buena conversación con un amigo.

En otro nivel, simplemente simple es un estilo de vida que también implica evitar ciertas cosas por un determinado período de tiempo por propósitos espirituales. Llamamos a esta práctica ayuno. Podemos ayunar ciertos tipos de comida o porciones, toda una comida, media, también podemos evitar comprar, placeres, lujos o cualquier otra cosa que nos impida buscar más intensamente lo espiritual. Cuando la Biblia habla de ayuno, en primer lugar se refiere a no tomar alimentos. Jesús participó de un ayuno de comida por 40 días al principio de su ministerio (Mateo 4:2). Él asumió que sus seguidores también lo harían, por ello dice en Mateo 6:16, "…cuando ayunes…". También dijo que el ayuno es un asunto privado entre usted y Dios y no para ser exhibido en público (Mateo 6:18).

Jesús no especificó cuánto tiempo debe durar o qué tan frecuentemente debemos ayunar; no quiso que legalizáramos la práctica, siempre debemos verlo como un privilegio del discipulado. La razón por la que ayunamos debe ser legítima en y por sí misma. Nos abstenemos de ello para liberarnos de su atadura y recordarnos que nuestro interés primario son los valores del Reino. Deseamos que nuestro apetito por Dios sea tan fuerte como el experimentado por alimentos materiales.

> "Permitan (al hombre), por lo tanto, regocijarse internamente en la misma circunstancia del ayuno, es decir, que al ayunar se aparte del placer del mundo para estar sujeto a Cristo".
>
> Agustin de Hipona (354 – 430)

Realmente, no puedo decirle cómo aplicar esta práctica de simplemente simple a su vida. Usted comprenderá que es un asunto muy personal. Sólo usted puede reconocer las cosas que más le interesan. Sólo usted puede oír lo que Cristo le dice sobre estos valores. Usted y Él, juntos, harán posible esto al hablar sobre cada una de sus posesiones, estilo de vida y las cosas que usted más ama. Jesús dijo bien, "Porque donde esté tu tesoro, allí estará también tu corazón" (Mateo 6:21). ¿Dónde está su corazón? De todas maneras le aseguro que usted encontrará a Cristo en formas frescas y nuevas en la práctica de simplemente simple.

La verdad de esta lección me tocó en persona cuando en esta primavera, trajimos a los padres de Susana de otra provincia a nuestra ciudad. Ellos vivieron por 50 años en la casa que su padre construyó. Finalmente, llegó el día en que debían disminuir sus posesiones. Allí estaba todo puesto en mesas para una venta de garaje. Muchas herramientas, utensilios y artefactos domésticos coleccionados durante toda una vida, ahora llegaban al fin. Las cosas de más valor aquel día fueron el álbum de fotos familiares y utensilios de la infancia. No me impactó el valor de las posesiones ubicadas en la mesa, sino la certeza de que también yo un día, eventualmente, deberé dejar ir todas mis posesiones. Es mejor que aprendamos esta lección ahora y vivamos de acuerdo con ella, que ser sorprendidos al final de nuestro peregrinaje.

Aprendamos ahora a encontrar a Cristo en una vida simplemente simple.

Día 11
Recuerde: Mantenga un estilo de vida simple.

"Se le acercó un maestro de la ley y le dijo: —Maestro, te seguiré a dondequiera que vayas. —Las zorras tienen madrigueras y las aves tienen nidos —le respondió Jesús—, pero el Hijo del hombre no tiene dónde recostar la cabeza" (Mateo 8:19-20).

Día 12

REFLEXIÓN EN QUIETUD

"Dichosos los que tienen hambre y sed de justicia, porque serán saciados. Dichosos los de corazón limpio, porque ellos verán a Dios" (Mateo 5:6,8).

Cada cuatro años los ojos y la atención del mundo se centran en los juegos olímpicos internacionales. Atletas de todo el mundo compiten por medallas de oro, plata y bronce en el deporte de su elección. Espectadores de todo el mundo están sentados en el borde de sus sillas, frente al televisor y miran a los atletas que representan a su país. En los últimos juegos olímpicos, una de las cadenas de televisión emitió 400 horas de programación olímpica a través de seis canales vía satélite. ¡Esta fue una cobertura inmensa! Un panel de jueces evaluó con un criterio estándar la actuación de cada atleta al finalizar su participación.

Al mirar muchos de los eventos olímpicos, noté que los atletas usualmente miden su actuación al momento de terminar. El lenguaje de sus rostros y cuerpos lo dice todo. Cuando la evaluación de los jueces aparece en la pizarra, los atletas la comparan con la medición que ellos mismos hicieron. La calificación de los jueces muy rara vez sorprende a los atletas.

Esta semana exploramos la posibilidad de pasar tiempo en quietud con Jesús. Ese tiempo es caracterizado, principalmente, como una oportunidad de estar con quien nos ama y a quien amamos. No necesitamos decir una palabra, no necesitamos hacer nada, para disfrutar el gozo en la presencia de Jesús. Sin embargo, la mayoría de veces, el crecimiento y desarrollo espiritual acompaña a la organización de nuestro tiempo con Cristo por medio de algunas prácticas básicas. Estas prácticas incluyen oración, escuchar, lectura de la Biblia y otros libros cristianos, reflexionar mientras pensamos, escribir nuestros pensamientos y mantener un estilo de vida simple.

Para disfrutar del gozo en la presencia de Jesús, no se necesitan decir palabras ni realizar acciones.

Hoy terminamos nuestra exploración de tiempos de quietud a solas con Cristo. Esta semana queremos concluir al considerar una práctica más: auto examen. Esta práctica le ofrece la oportunidad de hacer lo que hacen los atletas olímpicos, es decir, evaluar su día, su actitud, sus sentimientos, sus metas, sus prioridades, su progreso espiritual y su vida como un todo. Crea el tiempo y el espacio para que usted reflexione sobre asuntos espirituales y le deje la puerta abierta a Cristo para que le hable sobre estos asuntos.

Esta práctica puede realizarse diariamente, semanalmente u ocasionalmente. Muchos cristianos concluyen cada día con hacerse una serie de preguntas con las que se evalúan a sí mismos. Probablemente, si lo hacemos así, necesitaremos cambiar las preguntas periódicamente para evitar que la práctica se transforme en una rutina trillada. Las preguntas diarias pueden ser:

- ¿Hice tiempo hoy para orar, escuchar a Cristo y leer la Biblia?
- ¿Hablé con Cristo en una forma conversacional a lo largo del día?
- ¿Orienté mi conversación y acciones públicas para la gloria de Dios?
- ¿Intenté hacer bien a toda las personas en cada situación?
- ¿Agradecí a Dios por todos los dones que disfruto pues Él me los da?

Hay docenas de preguntas que pueden ser consideradas, esto depende de dónde se encuentre usted en su peregrinaje espiritual. Las preguntas aquí incluidas simplemente ilustran la dirección que las mismas pueden tomar.

Usted puede realizarse preguntas de auto examen adicionales el domingo de cada semana o el último domingo de cada mes. Estas preguntas pueden incluir:

- ¿Tomé tiempo para pensar en mi peregrinaje espiritual y procesar mentalmente lo que Cristo me dice?
- ¿Tomé tiempo para escribir las lecciones espirituales aprendidas, preguntas, oraciones contestadas y pensamientos sobre lo que Cristo me enseña?
- ¿He vivido de una manera que procura la sencillez como un estilo de vida?
- ¿Leí libros cristianos, o me dediqué a estudiar acerca de Dios o mi andar con Él?
- ¿Estoy apuntando a las metas que Cristo estableció para mi vida?

Son muchos los libros que existen sobre la práctica cristiana del auto examen. Por esta razón, no tomaré tiempo para explorar cada una de sus facetas. Juan Wesley usaba para su auto examen espiritual la obra clásica de Tomás de Kempis "La Imitación de Cristo". Personalmente, en este libro he encontrado ayuda para mi propia vida espiritual.

En nuestra lectura bíblica para hoy, Jesús presentó una serie de condiciones que Dios bendice. Escogí dos para que las consideremos porque se relacionan muy bien con la práctica del auto examen. En el versículo 6 Él dice que el Padre saciará a aquellos que tienen hambre y sed de justicia. No se usted, pero cuando yo tengo hambre y sed, las demás cosas no me interesan. La necesidad de hallar comida o agua consume cada pensamiento. El Padre no le dará crecimiento espiritual y madurez mientras duerme.

No obstante, si el deseo de ser un seguidor de Cristo comprometido consume cada uno de sus pensamientos, Él honrará ese apetito con llenura espiritual. En el versículo 8 Jesús dijo que se manifestará a sí mismo a todos los que tienen la mirada puesta en Él y en su reino. Veremos destellos de Dios cada día y además, una eternidad junto a Él en el cielo.

La práctica de auto examen en quietud alienta nuestro apetito y sed de justicia, y nos ayuda a mantener nuestro corazón puro delante de Dios. Le da a Cristo la oportunidad de hablarnos sobre nuestro día, las cosas que dijimos, las que no dijimos, las formas en que reaccionamos, los sentimientos que tenemos, las emociones que expresamos y el uso de nuestro lenguaje corporal. Examinarnos en quietud también nos enseña a vigilar nuestros sistemas físico y emocional. Notamos las cosas que nos irritan, las que nos producen estrés, las que anudan nuestro estómago o las que nos hacen sufrir. También notamos las cosas que nos brindan placer, gozo, esperanza y determinación.

Incluyamos ambas cosas, nuestros éxitos y fracasos. Encomiende sus éxitos a Cristo como una ofrenda de amor que Él pueda usar para ayudar a otros en el trabajo de su Reino. Confiese sus fracasos con un espíritu humilde y ore para crecer y mejorar en el futuro. Presente todos sus sentimientos y reacciones a Cristo y permita que le ayude a comprender y decidir adonde ir con ellos. Sobre todo, use el auto examen en quietud como un tiempo para depender más completamente en Cristo. Acepte sus debilidades y capitalice sus áreas fuertes.

La práctica de auto examen en quietud alienta nuestro apetito y sed de justicia, y nos ayuda a mantener nuestro corazón puro delante de Dios.

Usted sabe que necesita hacerse periódicamente una revisión física general con su médico. Estos chequeos médicos se realizan rutinariamente para asegurarse que cada parte de su cuerpo está funcionando en orden. Hacemos lo mismo con el motor y las ruedas de nuestro automóvil. Esta primavera compré una nueva cortadora de césped. Tiene un medidor de tiempo montado al lado del motor que me recuerda revisar la máquina en intervalos regulares. Si prestamos tanta atención a estos aspectos de la vida, ¿no tiene sentido que proveamos mantenimiento regular a nuestras vidas espirituales? Estos exámenes, diaria, semanal o mensualmente, proveen ese mantenimiento brindándonos una oportunidad adicional de encontrarnos con Cristo.

Durante mi adolescencia escuché decir a un ministro algo que me impresionó por el resto de mi vida. El dijo: "Para el creyente que es sensitivo, no habrá sorpresas en el día del juicio". Hasta ese momento yo asumía que el día del juicio sería como un espectáculo de juegos en televisión, los ganadores (los que heredan el cielo) estarán totalmente sorprendidos y maravillados por la eficacia de la gracia de Dios; pero con la ayuda del pastor, llegué a entender que estaba equivocado. Si usted comienza la práctica del auto examen en quietud, el Espíritu Santo será fiel en trabajar con usted en forma diaria para mantener su casa espiritual en orden. Al final, el último examen no será causa de sorpresa. ¡El Espíritu Santo habrá estado preparándolo a través de toda su vida!

Para encontrar a Cristo, practique regularmente en su vida lo que hemos tratado esta semana. Recuerde, usted participa de estas prácticas no para cumplir con una obligación, como cuando se marca la tarjeta al entrar y salir del trabajo, sino para disfrutar de una relación amorosa con Cristo. Debe esperar con ansiedad que llegue el momento de encontrarse con Él.

Día 12
Recuerde: Tómese el tiempo de examinar su vida.

"Dichosos los que tienen hambre y sed de justicia, porque serán saciados. Dichosos los de corazón limpio, porque ellos verán a Dios" (Mateo 5:6,8).

"La amistad es una especie de amor; y es, en su sentido propio, un amor recíproco desinteresado entre dos personas... Las propiedades de la amistad cristiana son las mismas propiedades del amor; aquellas mismas que San Pablo describe tan maravillosamente en el capítulo trece de la primera Epístola de Corintios. Y produce, dada la ocasión, toda buena palabra y obra".

-Juan Wesley (1703 – 1791)

USTED PUEDE
ENCONTRARSE CON CRISTO
CON UN AMIGO

encuentro

Día 13

UN AMIGO EN TODO TIEMPO

"Mientras caminaba junto al mar de Galilea, Jesús vio a dos hermanos: uno era Simón, llamado Pedro, y el otro Andrés. Estaban echando la red al lago, pues eran pescadores. «Vengan, síganme —les dijo Jesús—, y los haré pescadores de hombres.» Al instante dejaron las redes y lo siguieron"
(Mateo 4:18-20).

Cristo me bendijo con una compañera para el viaje de mi vida. Susana y yo compartimos todo, desde los momentos elevados y sagrados del ministerio hasta una ocasional hamburguesa en un restaurante de comida rápida. Nadie podría velar o cuidar por mi bienestar mejor que ella. Ella siempre cree en mí y me apoya, ella es mi compañera del alma de por vida. También comparto mi vida espiritual con Gary, mi mejor amigo. Él escucha mis problemas, se comporta como una junta de consejeros respecto a mis ideas a "medio cocinar" y, además, me provee consejo espiritual. A Gary le confío todo, mi vida y mi billetera.

La Escritura para hoy nos recuerda que Jesús vivió su vida en esta tierra y condujo su ministerio en compañía. Acabamos de escucharlo llamar a Pedro para que sea su discípulo. ¡Qué privilegio disfrutó Pedro al compartir su jornada íntima con el Maestro! Ellos experimentaron juntos muchos altibajos. En casi cada ocasión significativa durante el ministerio público de Jesús, vemos a Pedro al lado de Jesús. Pienso que Pedro necesitaba más a Jesús que Jesús a Pedro; sin embargo, Jesús valoró altamente la posibilidad de hacer el viaje de su vida con un amigo confiable. Así, nos dejó un ejemplo esencial para que lo imitemos.

Dios nos creó para relacionarnos. Esta es la razón por la que prisioneros en confinamiento solitario pierden contacto con la realidad y los sobrevivientes en una isla desierta hablan con una pelota de voleibol como mencionamos en el devocional del sexto día. Dios nos hizo a su imagen, esta es una imagen trinitaria; entonces, Él siempre vive y actúa desde una perspectiva compartida. Nosotros también poseemos una naturaleza interdependiente, por su puesto que necesitamos momentos de soledad y quietud en forma regular. La semana pasada hablamos de algunas formas en las que podemos encontrarnos con Cristo en tiempos de soledad. Necesitamos tiempo privado con Él para reparar y nutrir nuestra relación, no obstante, llegará el tiempo en que necesitaremos dejar nuestro santuario privado y regresar a las idas y venidas en sociedad.

Dios nos creó para relacionarnos.

Son pocos los que viven solos como los cavernarios, pocos de nosotros vivimos en un ambiente cerrado como un monasterio. La mayoría de nosotros tenemos trabajos, responsabilidades y familias en un mundo que se mueve aceleradamente y estamos rodeados de otras personas. Esta semana queremos explorar algunas de las muchas maneras de encontrarnos con Cristo, con un amigo y juntos crecer espiritualmente. No necesitamos dejar a Cristo en nuestro lugar de quietud, Él irá con nosotros mientras andemos por la calle o el mercado. Nuestra jornada espiritual puede enriquecerse en la compañía de un amigo o compañero de confianza y Cristo puede revelarse en formas nuevas y diferentes a como lo hace en otras circunstancias.

Podemos llamar a este compañero o amigo de confianza, un socio para rendir cuenta de nuestra vida. Esta persona no necesita llenar un formulario o alcanzar determinadas calificaciones. Él o ella, necesitan tener un buen par de oídos, una relación creciente con Cristo, algo de tiempo y mucha paciencia y entendimiento. Con este socio, usted puede hablar, compartir su caminar en la fe y responder por su vida regularmente. Aquí se encuentra una fe vivida en un camino de doble sentido con un compañero creyente. Esto añade una nueva dimensión a la relación que usted comparte con Jesucristo.

Los esposos creyentes siempre deben compartir su fe. La mayoría de los cristianos también encuentran beneficioso tener un compañero del mismo sexo con quien relacionarse. Con frecuencia necesito obtener la perspectiva de Gary como hombre, o que él me desafíe en una forma que sólo un hombre puede hacerlo. Susana hace lo mismo con una compañera a quien rinde cuentas de su vida cristiana.

Las reglas básicas para esta relación espiritual requiere que ambas partes sean abiertas, honestas y, en cierto sentido, vulnerables el uno con el otro. En el mismo momento en que comienzo a hablar sobre apertura, honestidad y vulnerabilidad entre unos y otros, especialmente cuando nos referimos a alguien distinto del cónyuge, algunas personas toman una actitud defensiva y cierran sus oídos. ¡Esto asusta! Ser vulnerable nos hace sentir amenazados. Admitir debilidades, malos sentimientos y fallas puede ser costoso, ser puestos en una situación en la cual debemos rendir cuentas de nuestras decisiones puede causar vergüenza. Ser desafiado o corregido puede ser humillante. Reconocer que necesitamos ayuda (a veces mucha) puede hacer que nos sintamos rebajados. Esto es especialmente cierto si usted es un hombre como yo. No me gusta admitir que me pierdo al conducir, tampoco necesito la hoja de las instrucciones cuando debo armar un aparato recién comprado. ¡Es cosa de hombres! Compartir nuestro andar cristiano con un socio y rendirle cuentas demanda tiempo valioso y necesitamos esforzarnos para ajustar nuestras agendas. También notará que requiere esfuerzo y energía emocional.

Entonces, es verdad, existe un precio que pagar para tener el nivel de confianza lo suficientemente alto como para que el propósito de rendir cuentas de nuestra vida espiritual funcione. Pero sin duda, los beneficios exceden al costo. Primero, con frecuencia nos vemos a nosotros mismos en una manera más idealizada que otros, si no fuera por la ayuda de este amigo de confianza no podríamos ver los puntos ciegos de nuestra vida. Así obtenemos un cuadro más adecuado de nosotros mismos, sin nuestra auto justificación. Segundo, el chequeo de nuestra realidad que surge al compartir nuestra vida con un socio espiritual nos hace mejores cristianos. Esta persona nos exige cumplir con nuestros compromisos y responsabilidades espirituales. Tercero, esta persona nos ayuda a pensar más definidamente y a probar las ideas antes de ponerlas en práctica. A esto, en y por sí mismo, vale la pena dedicarle nuestro tiempo. El simple hecho de tener alguien que nos pregunte, "¿pensaste en esto?"

puede ahorrarnos muchas fallas y vergüenza en el futuro. Cuarto, estas personas nos fuerzan a ser totalmente abiertos y honestos en nuestro andar espiritual con Cristo. Esto, llegado el momento, nos ayuda a enfrentar la realidad de quienes somos como cristianos. Finalmente, y lo mejor de todo, esta persona nos mantiene enfocados en dirección a Dios y su plan para nuestra vida.

> "Debemos orar los unos por los otros, y si alguno resbala
> o cae sostenerlo con una mano tierna"
>
> Isaac Penington (1617 – 1680)

El compañerismo espiritual con nuestro cónyuge o amigo de confianza puede ser un canal para que Cristo obre en nuestras vidas de manera maravillosa, añade profundidad y anchura a los ejercicios espirituales que tratamos la semana pasada. Usted y su socio se transforman en aliados para hacer un seguimiento adecuado a nuestro peregrinaje espiritual. Con esta práctica usted tiene alguien que le anime en tiempos difíciles, alguien que le desafíe a vencer en tiempos de tentación, y alguien que le ayude a perseverar cuando esté dispuesto a rendirse.

Con el tiempo, usted comprenderá que con la ayuda de un amigo espiritual experimenta el amor y la dirección de Dios en una forma más completa que como lo haría si tratara de vivir la vida por usted mismo.

Día 13

Recuerde: Nuestra jornada espiritual se enriquece con la compañía de un compañero o amigo como no sucede en otra situación.

"Mientras caminaba junto al mar de Galilea, Jesús vio a dos hermanos: uno era Simón, llamado Pedro, y el otro Andrés. Estaban echando la red al lago, pues eran pescadores" (Mateo 4:18).

Día 14

ALGO MARAVILLOSO ACONTECE

"Porque donde dos o tres se reúnen en mi nombre, allí estoy yo en medio de ellos" (Mateo 18:20).

En el día tres de nuestros encuentros me referí al Llanero Solitario y a Superman. Los conozco bastante bien desde que era un niño. Nos encontrábamos cada sábado por la mañana frente a un aparato de televisión en blanco y negro. Por un largo tiempo idolatré a mis héroes por ser personas impetuosas e individualistas que vivían sus vidas en sus propios términos y no rendían cuentas de ello a nadie. Un día, una sorprendente verdad me golpeó. Después de todo no estaban tan solos como parecían. Superman trabajaba de cerca con Luisa Lane y Jimmy Olsen. El Llanero Solitario viajaba con Toro, su fiel compañero. Pienso que aún los súper héroes necesitan compañía.

Hoy, mientras continuamos explorando las formas en que nos encontramos con Cristo por medio de un amigo de confianza, quiero que miremos una vez más las prácticas de la semana pasada y escojamos algunas para reconsiderarlas. Esta vez las veremos desde la perspectiva de una actividad compartida. Siempre me sorprende cómo la misma actividad tiene un sentido y resultado diferente cuando la compartimos con un amigo.

Cada cosa que hacemos juntos en el nombre de Jesús toma una forma diferente porque la hacemos con un amigo y no solos.

En nuestra lectura bíblica para hoy, Jesús hizo una revelación sorprendente respecto al hecho de que sus seguidores se reunieran. Dijo que cada vez que dos de ellos se reunieran como creyentes para propósitos espirituales sucede algo maravilloso. Él se acerca allí mismo y se une a ellos. ¡Esto es increíble! Tengo un amigo cristiano que, cuando se reúne con sus amigos, deja una silla vacía como simple recordatorio de que Jesús se sienta allí con ellos.

Cada cosa que hacemos juntos en el nombre de Jesús toma una forma diferente porque la hacemos con un amigo y no solos. Por ejemplo:

Oración. Oramos juntos con un amigo por una variedad de razones. Algunas veces adoramos y alabamos juntos a Jesús. Otras veces compartimos nuestros problemas, crisis o temas de interés mutuo con Él. En otras ocasiones oramos por fortaleza para una tarea o una victoria contra la tentación. Otras veces nos unimos para rogar por las necesidades de otros o por nuestro mundo herido y sufriente. Sin importar la razón que nos une para orar, un tiempo especial de compañerismo con Cristo siempre acompaña nuestro esfuerzo. Tal vez no siempre sintamos su presencia, pero la Palabra de Dios nos recuerda que no obstante, Él está presente.

Asumir la responsabilidad de orar en privado por nuestras propias necesidades y nutrir nuestra alma por medio de una relación personal con Cristo, son las marcas del crecimiento cristiano. Sin embargo, también necesitamos añadir la dimensión que incluye a otros con quienes compartir nuestra vida. Al decir "necesito que ores conmigo" a su amigo de confianza, nos recuerda que realmente nos necesitamos unos a otros. Admitir que necesitamos la ayuda de otros para nuestra vida requiere humildad.

Escuchar. De tanto en tanto, la mucha conversación cesa y nos sentamos tranquilamente con Cristo y nuestro amigo. Esto sucede con más frecuencia al final de la oración. Cristo tiene una forma especial de decir lo que necesitamos oír en estos momentos de quietud. Algunas veces habla a nuestros corazones. En otras ocasiones nos inunda con la certeza de que Él está con nosotros, que escuchó nuestra oración y que cuidará de nosotros en nuestra situación actual.

Con frecuencia, en los días que siguen a nuestra oración unida, el diablo nos tienta a pensar que Cristo no está con nosotros, que no escuchó nuestra oración y que Cristo no controla nuestra situación. En esos momentos de duda podemos recordar que nuestro amigo escuchó con nosotros. ¡Tenemos un testigo que escuchamos lo correcto! Oh, la seguridad que viene de tener un amigo que nos testifique que Dios está en control.

Estudio bíblico. Usted debe estudiar la Biblia personalmente para obtener crecimiento espiritual y desarrollo. Aún así, estudiar sólo nunca es suficiente, debemos reunirnos con un amigo y recibir confirmación en cuanto a nuestros pensamientos e interpretación de la Escritura.

Me siento más seguro al volar cuando recuerdo que, luego que el piloto completa la lista de verificación de todo el instrumental del avión, el copiloto hace un repaso sobre la misma lista. Las azafatas hacen lo mismo con las puertas y sus cerrojos. Las revisan una primera vez y luego alguien más repite la operación.

Estudiar la Biblia con un amigo nos permite hacer este doble chequeo para comprobar si leímos y entendimos correctamente. Al leer las Escrituras con un amigo, comprobará que hallará cosas que no puede ver de otra manera. Yo no sé como sucede, pero sucede en verdad.

Pensar. Junto al estudio de la Biblia, es también importante recibir una confirmación audible sobre nuestros pensamientos. Mi amigo Gary dedica varias horas a escucharme mientras le comparto mis pensamientos sobre lo que Dios está haciendo en nuestro mundo o en una situación determinada. Algunas veces dice, "creo que estás en lo correcto", otras veces recibo un, "no estoy seguro al respecto", y en otras ocasiones él responde, "absolutamente, no".

Dios no confía a uno solo de nosotros toda la verdad. Únicamente Él tiene este privilegio. Entonces nosotros necesitamos reunirnos y poner sobre la mesa nuestras porciones de conocimiento y ver cómo se forma una imagen más completa. Imagino a un buscador de tesoros que sólo tiene una parte del mapa de un tesoro enterrado, buscando a la persona con la otra mitad de ese mapa. Una vez que se encuentran y unen ambas partes del mapa, pueden ubicar el tesoro. A menudo esto es cierto respecto a las verdades encontradas en la Palabra de Dios.

> *Dios no confía a uno solo de nosotros*
> *toda la verdad.*

Examinarnos. El auto examen es un importante ejercicio personal. Sólo usted conoce lo que hay en lo profundo de su corazón y, nadie más que usted, sabe si es o no honesto con sus respuestas. En realidad, nadie le conoce hasta el centro mismo de su ser, sólo usted y Cristo. Una vez afirmado esto, debemos reconocer la verdad, que examinarnos cobra una nueva dimensión cuando lo realizamos con un amigo. Pida a su amigo que le haga una serie de preguntas sobre su avance espiritual y luego responda honestamente. Muchos santos, a través de los siglos, practicaron examinarse de esta manera para su beneficio espiritual.

Ya sabemos cómo funciona nuestra mente. Es más probable que usted no se coma una porción extra de puré de patatas o de pastel si sabe que en breve debe reportar el resultado de una dieta. En más de una ocasión tuve que decir: "No, gracias", a un tentador postre después del almuerzo, simplemente por no tener que confesar a Susana que comí algo que no era bueno para mí. De la misma manera, las tentaciones espirituales pueden perder algo de su atractivo si luego debemos rendir cuentas de nuestras decisiones con alguien. Probablemente, usted será más diligente en su caminar diario si sabe que un amigo habrá de preguntarle sobre ello.

Ciertamente, si comparamos con las prácticas vistas la semana pasada, esto no agota las formas en que usted puede interactuar con un amigo de confianza. De todas maneras, espero que esto le despierte el gusto por lo que está disponible para usted al encontrar a Cristo con un amigo. Piense sobre estas cinco prácticas hoy e imagine como puede incorporarlas al tiempo que comparte con su compañero para rendir cuentas mutuamente. Al hacerlo, comenzará a encontrar a Cristo en nuevas formas.

Día 14
Recuerde: Cuando nos reunimos con otro creyente, Jesús se une a nosotros.

"Cada cosa que hacemos juntos en el nombre de Jesús toma una forma diferente porque la hacemos con un amigo y no solos" (Mateo 18:20).

Día 15

EN CONTROL

"Pero él pasó por en medio de ellos y se fue" (Lucas 4:30).

Al conducir cada día hasta el lugar de trabajo me encuentro con la misma imagen de personas en pareja caminando por el vecindario o por el sendero cercano a nuestra casa. Dos mujeres, dos hombres, una pareja de esposos, dos madres empujando el carrito de sus bebés. Siempre están conversando, parecen disfrutar el momento.

Estas escenas me recuerdan que, ya sea caminar como ejercicio, entrenamiento en el gimnasio o intentar consumir calorías por una dieta, se logra mejor con un compañero para la tarea. Reconozcámoslo, vestirnos para hacer ejercicio todos los días sin importar el clima, demanda disciplina y determinación. Esta disciplina y determinación se logran más fácilmente con el apoyo de otra persona, además, tener compañía a lo largo del sendero al caminar añade al esfuerzo interés y variedad. Este principio es tan verdadero para el andar cristiano como lo es para el caminar por una dieta o simple ejercicio.

Hoy veremos la necesidad de practicar disciplina en una variedad de áreas. Raramente nos resulta fácil ser disciplinados, pero puede ser más fácil al compartir el intento con un amigo. Crecer en Cristo requiere que traigamos cada parte de nuestra vida bajo el señorío y control de Cristo. Pablo dijo, "Más bien, golpeo mi cuerpo y lo domino, no sea que, después de haber predicado a otros, yo mismo quede descalificado" (1 Corintios 9:27).

Vivir una vida de disciplina abre puertas nuevas para que Cristo trabaje en y a través nuestro. Sin duda, cada una de las siguientes áreas son personales y requieren esfuerzo individual. De todas maneras, cada una de ellas es más fácil de controlar con la ayuda y el apoyo de un amigo. Consideremos algunas áreas en las que debemos ejercer disciplina en nuestras vidas:

Nuestro hablar. El pueblo hebreo de los tiempos bíblicos creía que las palabras, una vez habladas, tomaban vida en sí mismas. No era posible retractarse de lo dicho. Su efecto nunca volvería a ser neutralizado. Creían que debían tener especial cuidado al pronunciar cada palabra porque las mismas tenían poder, tanto para crear como para destruir. La palabra de un hombre o una mujer perdura más allá de su muerte. Aún más, nuestras palabras testifican claramente lo que hay en nuestro corazón, es decir, debemos ser muy cuidadosos y evitar la critica, la queja, los gritos, la maldición, el chisme y calumniar a otras personas.

En nuestra lectura bíblica para hoy, Jesús se hallaba en una situación difícil con la gente de su propio pueblo. Las observaciones que hizo respecto a la lectura de la Escritura para ese día en relación a su propia vida y ministerio, los enojó tanto que planearon matarlo. Salieron de la sinagoga y se volvieron a encontrar en una colina cercana desde donde planeaban arrojar y matar a Jesús. Lucas dice que Jesús salió de ese lugar de tensión y continuó su ministerio en otro lugar.

Seguramente usted, al observar dos personas discutiendo fuertemente, oyó la frase, "sigamos esta discusión afuera" que significa simplemente salir y solucionar el problema con los puños. Con seguridad Jesús pudo haber tomado a todo el grupo y golpearlos, pero no lo hizo. Controló sus emociones y sus palabras. Abandonó la pelea. Jesús proveyó un ejemplo digno para que lo sigamos cada vez que nos airemos. Cristo quiere que usemos la palabra para bendecir, para compartir la verdad, dar ánimo, perdón y amor.

Nuestros cuerpos. Debemos aprender a controlar nuestros deseos físicos. Uno de los peligros de vivir en una nación desarrollada es la falsa expectativa de que debemos satisfacer cualquier posible deseo que se nos ocurra. Tuve un estudiante que me confesó creer que moriría si no podía satisfacer su necesidad de sexo prematrimonial. Ahora, usted y yo sabemos que el celibato no es una condición fatal, ¡pero este muchacho se convenció que lo era! No podía concebir el concepto de que una gratificación pueda ser postergada.

Cada deseo físico debe ser contrastado con la Escritura para determinar su validez. Entonces, debemos aprender a poner límites con moderación. Esta moderación incluye limitar la cantidad de comida que comemos y las porciones que nos servimos. Significa prestar atención desde los refrescos que nos servimos hasta las medicinas que nos prescribe el médico. Nada es más peligroso y, por lo tanto, produce más temor, que vivir una vida controlada por los apetitos de nuestro cuerpo.

> "Pero algunas veces, en verdad, es necesario el uso de la fuerza, para resistir con valor un apetito sensual, para no prestar atención a los reclamos de la carne y lo que le desagrada; y para dedicar todo el cuidado necesario trayéndolo bajo el control del Espíritu".
>
> -Tomás de Kempis

Nuestro humor. Cada uno de nosotros tiene una forma emocional particular de responder ante diferentes situaciones. Somos tan predecibles en este aspecto que podemos decir que poseemos huellas dactilares emocionales. Algunos poseen amplios cambios en su humor; otros apenas varían de día en día. Algunos miran la parte brillante de cada situación; otros sólo ven acercarse las nubes oscuras. Una parte del proceso de maduración de cada seguidor de Jesucristo es aprender a controlar los altos y bajos en el cambio de su ánimo o la perspectiva que asume para la vida. Debemos aprender a manejar este aspecto de nuestra vida y, al hacerlo, ser capaces de responder en formas que no traicionen a Cristo.

Nuestras posesiones materiales. Dedicamos un devocional entero a la simplicidad de vida en el día 11. Tratamos la importancia de limitar nuestras posesiones materiales y liberarnos de la atadura de las cosas de este mundo. Un amigo de confianza, por ejemplo un compañero de oración y alguien a quien rendir cuentas de nuestra vida espiritual, puede ayudarnos a evitar el materialismo y los excesos en nuestra vida. Responder honestamente a la pregunta, ¿necesito esto realmente?, puede ayudar a establecer un punto de control importante y así separar lo que queremos de lo que realmente necesitamos.

Nuestro cuidado de la tierra. Esto puede parece un apartado algo extraño para un libro de desarrollo espiritual. Actualmente, este tema importante se transformó, por sí mismo, en un tema central de discusión para los cristianos.

Tiene relación inmediata al concepto de limitar nuestras posesiones materiales. Dios ubicó a Adán y Eva en el huerto de Edén y los hizo administradores de su creación perfecta (Génesis 1:28,2:15). En algún momento, ya en los tiempos modernos, la gente vio la naturaleza como indestructible y los recursos naturales como ilimitados; ya superamos esta idea. Las evidencias del calentamiento global y del agotamiento de los recursos nos advierten que debemos cambiar nuestra conducta si queremos sobrevivir en el planeta tierra. Debemos recordar que este planeta no nos pertenece, le pertenece a Dios y somos sus mayordomos. El nos confió este privilegio especial y espera que vivamos sabiamente en la tierra y cuidemos de ella.

Al tener un cuidado adecuado de la tierra, mostramos nuestro amor por Dios y nuestro interés por las generaciones futuras que la heredarán en las condiciones que la dejemos. Son pocas las personas que encuentran que esta es una tarea fácil de realizar. Esta es la razón por la que necesitamos un amigo que nos recuerde su importancia y nos exija responsabilidad. Caminar o montar en bicicleta en lugar de conducir nuestro vehículo, usar sabiamente la energía, reciclar y no arrojar basura. Todas estas prácticas tan sencillas son formas de decirle a Dios "Gracias" por el hermoso regalo de esta buena tierra.

Piense en ejemplos prácticos por medio de los cuales puede practicar disciplina en su vida y comparta estos ejemplos con su amigo o compañero espiritual. Al hacerlo, imagine a Cristo mientras le bendice por su fiel esfuerzo en mantener control en cada área de su vida.

Día 15
Recuerde: Debe recordarse diariamente la necesidad de vivir una vida de autocontrol.

"Pero él pasó por en medio de ellos y se fue" (Lucas 4:30).

Día 16

DISCÍPULO Y DISCIPLINA

"Decía: Abba, Padre, todo es posible para ti. No me hagas beber este trago amargo, pero no sea lo que yo quiero, sino lo que quieres tú"
(Marcos 14:36).

Un día llegó a mi oficina un estudiante y dijo algo que cambió para siempre mi perspectiva de la relación estudiante –profesor. El suceso ocurrió durante mi primer tiempo como profesor universitario. Luego de las clases de ese día, este joven llegó a la puerta de mi oficina y dijo: "Estoy en desacuerdo con la perspectiva que tuvo en la discusión de la clase de hoy. Creo que necesita reconsiderar su posición en este asunto". Al ser un hombre agradable, supe que no estaba faltándome el respeto, él simplemente quería que yo añadiera su perspectiva a la presentación hecha en clase.

Primero, debo admitir que el intento de reacción inicial fue ignorarlo, después de todo, un profesor sabe más sobre el tema que un estudiante de secundaria. Estoy agradecido, por no haber cedido a ese primer impulso y, más bien, le agradecí por su aporte y el candor mostrado al compartírmelo. Con toda honestidad, una vez que analicé sus comentarios comprendí su validez. Mi estudiante me enseñó una lección de sumisión.

Discusiones sobre sumisión espiritual no son apreciadas en este tiempo. La doctrina del sacerdocio de todos los creyentes tiene una falla en su interpretación común. Muchos cristianos bien intencionados la malinterpretan y asumen que cada creyente es un operador independiente, no responsable ante nadie. No es así. El cristianismo promueve la vida en comunidad que en sí misma requiere sometimiento mutuo. En el mismo momento que alguien pronuncia la palabra sumisión, nuestras mentes dan un brinco e imaginan las peores consecuencias, como:

- Esposos que sobrecargan o abusan y controlan a mujeres sumisas, algo así como: "Mujer, haz todo lo que te digo y no cuestiones".

- Jerarquía militar, algo así como: "Al suelo y haz cinco flexiones de pecho", o tal vez,
- Un felpudo social, con la actitud de: "Soy un don nadie, no valgo nada".

Cuando vemos el tema desde la perspectiva bíblica adecuada, entendemos que lo anterior está muy lejos de la verdad.

Dios en sí mismo es la Trinidad; por lo tanto hay una relación interna de sumisión mutua. En la vida y el ministerio de Jesús los ejemplos de sumisión al Padre son abundantes. Tal vez, el ejemplo más conocido es el mencionado en la lectura bíblica para hoy. Jesús, luego de haber orado en el huerto de Getsemaní, vio de manera anticipada los eventos de su pasión. Nosotros, los mortales, nunca sabremos qué vio esa noche en la copa, pero, sea lo que fuera, tiene que haber sido horrible. Su tendencia natural era evitarlo, sin embargo, se sobrepuso a esta tendencia y se sometió a la voluntad del Padre. Estamos eternamente agradecidos a Él, porque por su sumisión obtuvo nuestra salvación del pecado. ¡Alabado sea su nombre!

> "La manera cristiana de hacer las cosas es diferente… Cristo dice 'Dame todo. Yo no quiero tanto de tu tiempo, o de tu dinero o de tu trabajo: Te quiero a ti… Por lo tanto, ninguna entrega a medias es suficiente'".
>
> C.S. Lewis (1898-1963)

En su extenso tratamiento del tema del Espíritu Santo, Jesús indicó en varias formas diferentes que el Espíritu funciona en sumisión a Cristo. Por ejemplo, en Juan 15:26 y 16:13 Jesús dijo que el Espíritu testificará de Jesús: "…porque no hablará por su propia cuenta sino que dirá sólo lo que oiga…". Jesús sometido al Padre, el Espíritu sometido al Hijo, son recordatorios que la sumisión trinitaria funciona por medio del amor. Nosotros, también, debemos aprender a someternos unos a otros, de la misma manera que Dios lo practica en la Trinidad.

Lo primero que debe hacer es someterse usted mismo al plan de Dios para su vida. Probablemente ya conoce por experiencia propia la primera ley espiritual de la Cruzada Estudiantil para Cristo: "Dios lo ama y tiene un plan maravilloso para su vida". Someternos a este plan nos guía a la salvación. Luego, se someterá a Dios en forma cotidiana a medida que aprende a seguir la dirección del Espíritu mientras le guía a través de todos los eventos de la vida. Él le guía para su propio bien y tiene en mente el beneficio para su vida. Esta noción de sumisión debe ser fácil de captar.

Aún así, debe ser más difícil la noción de someternos a un compañero creyente, tal como lo hice con mi estudiante. Pablo lo escribió de esta manera: "Sométanse unos a otros, por reverencia a Cristo" (Efesios 5:21). A partir de esta declaración el apóstol inicia el tratamiento del tema de la sumisión en tres áreas concretas: entre esposos, padres e hijos, amos y esclavos. No podemos aquí hacer un tratamiento exhaustivo del tema por lo que sólo haremos algunas observaciones breves sobre la sumisión.

Usted puede consultar un comentario bíblico o una Biblia de estudio para adentrarse más profundamente en el pensamiento de Pablo.

Personalmente, ubiqué el tema de la sumisión en el contexto de encontrar a Cristo con un amigo porque esto es lo que intentamos entender y ejercitar de la mejor manera. Debemos someternos a aquellos que tienen autoridad en la iglesia o en el trabajo, más allá de la obligación o de la necesidad de auto preservación. La sumisión bíblica puede ser entendida y practicada únicamente en un ambiente nutrido con una relación de confianza. Usted y su amigo descubren juntos la voluntad y dirección de Dios al someterse a la instrucción y corrección mutua.

Un amigo espiritual genuino puede llamarlo a sumisión en un contexto de:

- Discipulado, tal cual leemos en Juan 14-16 y describir como el Espíritu desea trabajar en su vida.
- Enseñanza, como ese mismo pasaje bíblico lo indica.
- Corrección, como cuando lo que decimos es incorrecto y debemos disculparnos.
- Guía, como por ejemplo, al tomar un fin de semana largo para orar y ayunar buscando la dirección de Dios sobre un asunto determinado.

Sólo usted puede decidir si permitirá que le enseñen, corrijan y lo guíen. Esto requiere que tenga la disposición mental de someterse a su amigo.

Cristo se encuentra con nosotros en esta circunstancia porque Él puede trabajar a través de un espíritu humilde y dispuesto para la enseñanza. Este espíritu permite que Cristo le hable, no sólo por medio de la Biblia, razón, tradición cristiana y su experiencia personal sino también desde la perspectiva de las experiencias de su amigo. Por medio de esta actitud aprenderá verdades espirituales que no podrá recibir por otros medios. Además experimentará libertad y alivio al descubrir que no tiene que llevar la carga de estar en lo correcto todo el tiempo. Puede comprobar la realidad de que usted no tiene la única perspectiva sobre cada asunto. Admitir que usted no es un operador independiente sino que, más bien, necesita instrucción de parte de otros también, le brinda una medida de libertad adicional; de esta manera, hallará liberación al aprender de su amigo de confianza.

Cada semana en el trabajo trato con problemas resultantes por falta de sumisión entre cristianos. Algunas veces el asunto involucra a la jerarquía institucional o la cadena de mando. Sin embargo, muy frecuentemente, los problemas ocurren en un nivel relacional donde la personalidad y el orgullo humano se interponen en el camino, impidiendo que un creyente enseñe a otro.

En verdad, esta es una práctica difícil de implementar. Nunca será popular. No obstante, todos los discípulos de Jesús serios, deben aprender a someterse unos a otros para que sus almas experimenten verdadero gozo y bienestar. La Trinidad la practica, nosotros también debemos hacerlo. A lo largo de este día piense en formas prácticas en las que usted puede someterse a su compañero de confianza. Al poner en práctica la sumisión, usted encontrará a Cristo en formas desconocidas hasta ahora.

Día 16

Recuerde: Usted debe aprender a someterse por reverencia a Cristo mismo.

"... pero no sea lo que yo quiero, sino lo que quieres tú" (Marcos 14:36).

Día 17

SIMÓN DICE...

"Mi Padre es glorificado cuando ustedes dan mucho fruto y muestran así que son mis discípulos" (Juan 15:8).

Susana y yo invertimos nuestro tiempo y vida en el discipulado de gente joven. Primero, fuimos sus mentores en los grupos de jóvenes en las iglesias que pastoreamos. Sin duda, esto nos influenció para redirigir nuestro ministerio en el ambiente universitario donde pasamos más de dos décadas trabajando con gente joven. Esta tarea exige tiempo, paciencia y perseverancia. Ambos, el mentor y quien es guiado, deben comprometerse en el proceso y trabajo a largo plazo.

Las recompensas de guiar a cristianos jóvenes, escapan a toda posible descripción. Usted recibe las mismas recompensas que los padres obtienen criando hijos o nietos. Ver a un compañero creyente en Jesucristo, crecer y madurar en la fe, brinda beneficios eternos. Es un trabajo realizado aquí en la tierra, que Pablo asegura estará esperando por nosotros al otro lado (1 Corintios 3:10-15). Susana y yo recibimos tarjetas navideñas con fotos familiares y las últimas noticias de parte de estudiantes que discipulamos a través de las dos últimas décadas. ¡Qué bendición! Algunos de nuestros estudiantes ya alcanzaron la recompensa celestial, están con el Señor, y desde allí vitorean nuestros nombres mientras continuamos nuestra jornada aquí en la tierra.

Las recompensas de guiar cristianos jóvenes, escapan a toda posible descripción.

Jesús, en Juan 15, instruyó a sus discípulos sobre la poda y el crecimiento necesario para que puedan desarrollarse como discípulos. Lea, por favor, estas instrucciones en Juan 15:1-17.

Nuestro versículo para hoy representa un pensamiento relacionado con este tema. Esta instrucción nos recuerda la necesidad de guiar a creyentes jóvenes para que puedan crecer y desarrollarse como discípulos de Jesucristo. La tarea de los cristianos maduros que discipulan a los más jóvenes, ha sido parte de la tradición de la iglesia por muy largo tiempo. Por esto, cada vez que usted guía a un creyente, forma parte de una larga tradición iniciada por Jesucristo mismo.

¿Qué implica discipular a un nuevo creyente? Usted guía por medio de relaciones, estas relaciones animan a otros creyentes, en la fe y el conocimiento de Jesucristo, así como también en las virtudes que acompañan el andar cristiano. Usted comparte lecciones y su amigo las aprende en forma regular una a la vez, en el ir y venir de la vida diaria.

¿Quién puede ser un mentor? Cualquiera con conocimiento de la Biblia y experiencia en la fe. La edad no tiene mayor importancia. Usualmente, asumimos que un mentor es una persona mayor, pero no es necesariamente cierto. Los cristianos de edades similares pueden realizarlo igualmente bien. La gente joven debe ser guiada por otro creyente que le demande razón sobre su relación con Cristo. Los padres pueden discipular a sus hijos y a otros jóvenes de edades semejantes a las de sus hijos. Parejas matrimoniales pueden guiar a otras parejas más jóvenes o de la misma edad. Los maestros pueden discipular a sus estudiantes como hacemos Susana y yo. La combinación de posibilidades es casi ilimitada.

La forma para guiar a otros puede variar. Puede ser realizada en forma unida durante el estudio de un libro cristiano o la Biblia, en oración conjunta, al conversar sobre los temas de la vida o las decisiones que delinean nuestro estilo de vida o mientras rendimos cuentas a nuestro compañero de peregrinaje. Otras ocasiones que lo hacen posible son trabajar lado a lado en una asignación ministerial, en un viaje de un Grupo de Trabajo y Testimonio o en una actividad evangelizadora. Casi cualquier forma puede ser útil para lograr el propósito de entrenar, equipar y animar a un creyente joven en la fe y en el conocimiento de Jesucristo.

Sin importar en el proceso la forma y la persona que es guiada, el Espíritu Santo es quien juega el rol más importante en el discipulado que toma lugar en la vida del cristiano más joven. El Espíritu instruye en la profundidad del corazón del discípulo. El mismo Espíritu vivifica las verdades espirituales para que sean vividas a diario.

Posterior a la instrucción recibida del mentor y del Espíritu Santo, continúa otra dimensión importante. El joven discípulo tiene ante sí un ejemplo viviente, en carne y hueso, de lo que se le enseña a medida que el mentor vive esa enseñanza. Pablo se refirió a esto cuando dijo, "Imítenme a mí, como yo imito a Cristo" (1 Corintios 11:1). ¿Recuerda el juego de la infancia Simón dice...? Los niños lo juegan al realizar todo lo que el líder hace cuando él o ella mencionan las palabras, "Simón dice...". Usted no hace lo mismo que el líder hasta que no escucha esas palabras. Al guiar a otros, el líder nunca tiene un día libre. Nunca puede decir, "haz como digo y no como hago". La vida del mentor es la vitrina número uno para el cristianismo. Los mentores saben que el discípulo joven les sigue desde muy cerca. Esta tarea es una responsabilidad enorme pero, al mismo tiempo, un gran privilegio.

¿Por qué usted debe ser un mentor? Primero y más que nada porque Jesús nos instruyó para que le ayudemos a hacer discípulos (Mateo 28:19-20). Segundo, usted recibirá un sentido de satisfacción increíble al invertir su vida en otro creyente. Es tan sorprendente observar discípulos jóvenes crecer y desarrollarse en la fe y en el conocimiento de Cristo. ¿Cuál es el valor de ver a otro seguidor de Cristo asemejarse cada día más a Él? Tercero, discipular le da la oportunidad de pasar a otros lo que usted recibió. Muy pocos creyentes se edifican a sí mismos. La mayoría posee mentores que le dan ánimo a lo largo del camino que les lleva a madurar en la fe. Trabajar con otro creyente demanda de su esfuerzo y desarrolla aún más sus habilidades al responder las difíciles preguntas que se le plantean sobre la fe y la práctica cristiana.

> "Es muy importante que nos asociemos con otros que andan por el camino recto... Aquellos que están más cerca de Dios tienen la habilidad de acercarnos más a Él, en un sentido nos llevan con ellos".
>
> Teresa de Ávila (1512-1582)

Aún recuerdo las dos veces que Brent utilizó la frase "¿Pero por qué? durante su crecimiento. La primera fue a los tres años de edad y la segunda a los trece. Debo decir que la segunda fue más difícil que la primera. Sinceramente yo habría querido responder simplemente "porque sí" a sus infinitas preguntas, pero no lo hice, me esforcé para darle respuestas razonables. Esta generación post moderna, pregunta más "¿pero por qué?", que cualquier otra generación en mucho tiempo. Ellos merecen respuestas razonables a sus preguntas, con las cuales los estarás nutriendo en su fe y a la vez tú crecerás en la tuya.

Esta semana estamos viendo cómo encontrarnos con Cristo, con un amigo. Al igual que en las otras maneras de encontrarnos con Cristo que hemos discutido, Él se acerca a ti de una manera única durante el proceso de discipular a otros. Hay algo en invertir tu tiempo y energía en otra persona, que no puedes encontrar en ninguna otra experiencia de la vida. ¡Trata de hacerlo y sabrás a lo que me refiero!

Día 17
Recuerde: Puede participar en el privilegio y la responsabilidad increíble de guiar a un discípulo de Cristo.

"Mi Padre es glorificado cuando ustedes dan mucho fruto y muestran así que son mis discípulos" (Juan 15:8).

Día 18

INTERÉS GENUINO

"Y él se quedó asombrado por la incredulidad de ellos. Jesús recorría los
alrededores, enseñando de pueblo en pueblo. Reunió a los doce, y comenzó a
enviarlos de dos en dos, dándoles autoridad sobre los espíritus malignos"
(Marcos 6:6-7).

La señora Mattie Belle era la secretaria del rector de la universidad a la
que asistíamos Susana y yo. Trabajaba mucho para el rector durante toda la
semana. Luego, cada viernes de por medio en la tarde, cargaba 20 estudiantes
en cuatro automóviles y los llevaba a las reuniones que se llevaban a cabo en
iglesias cercanas a la universidad. Ella llamaba al grupo Los Jinetes del Circuito, pues evocaban a los antiguos predicadores del lejano Oeste que viaja-
ban de iglesia en iglesia. Susana y yo nos conocimos mientras servíamos
juntos en el grupo de Los Jinetes del Circuito. Tenemos grandes recuerdos de
nuestras aventuras con el grupo.

Por aquel entonces nunca pensé en la inversión de tiempo y energía que
Mattie Belle dedicaba a este ministerio. Estoy seguro de que muchas personas
recibieron ayuda espiritual en las cientos de reuniones en las que participó
este grupo. Pero probablemente, la mayor contribución de Mattie al reino de
Dios puede haber sido la inversión en la vida de los estudiantes que formaban
ese equipo. Ella no era únicamente una promotora universitaria, más bien fun-
cionaba como una combinación de madre, nutricionista, consejera, arre-
glando parejas y entrenadora para la vida. Ella derramó su vida en nosotros.
Muchos de nosotros hoy estamos en el ministerio cristiano por la confianza
que ella depositó en nosotros. Nos dio un invalorable ejemplo para el servicio
y el ministerio. Hoy, estoy seguro que ella lo hizo por su interés genuino en
nosotros y en la obra de Dios.

En nuestra lectura bíblica para hoy, Jesús asignó a sus discípulos una tarea
ministerial. Note que salieron de dos en dos. La Biblia contiene abundantes
ejemplos de ministerios realizados por diversos creyentes que trabajaron en

pareja. Pablo y Bernabé, Pablo y Silas, Priscila y Aquila trabajaron en el ministerio cristiano en pareja. Entonces, encaja a la perfección hablar de ministerio y servicio conjunto en la semana en la que tratamos el tema de practicar disciplinas espirituales con un amigo cristiano.

> *La Biblia contiene abundantes ejemplos de ministerios*
> *realizados por diversos creyentes que trabajaron en pareja.*

Jesús habló mucho de servicio durante su ministerio terrenal. En Lucas 22:27 dijo, "Porque, ¿quién es más importante, el que está a la mesa o el que sirve? ¿No lo es el que está sentado a la mesa? Sin embargo, yo estoy entre ustedes como uno que sirve". También compartió con sus discípulos un claro ejemplo de servicio al lavarles los pies en la última cena que compartió con ellos. Durante este evento sagrado dijo, "Ciertamente les aseguro que ningún siervo es más que su amo, y ningún mensajero es más que el que lo envió" (Juan 13:16). Jesús, en verdad, ilustró una vida de servicio; nosotros debemos imitar su ejemplo.

Claro que el servicio cristiano puede también realizarse en forma solitaria, por medio de una persona. No obstante, el ministerio cristiano adquiere una dimensión mayor cuando lo compartimos con otra persona, esta es la razón por la que Jesús envió a sus discípulos en pareja. El servicio y el ministerio son los pies de nuestra fe. En un sentido muy real nos transformamos en los pies y manos de Cristo al compartir su ministerio entre la gente necesitada y sufriente. Nos transformamos en el canal que Dios escogió utilizar para alcanzar a quienes más lo necesitan; y esto, puede llevarse a cabo de una manera más eficaz con un compañero de trabajo a nuestro lado.

En Génesis 18 Dios prometió bendecir a los habitantes de la tierra por medio de la familia de Abraham. Aunque la intención fue buena terminó sucediendo algo terrible. Dios intentó bendecir al pueblo hebreo y ellos, en gratitud, debían bendecir a sus vecinos; pero ellos interpretaron estas bendiciones como un privilegio y no como una responsabilidad. Aunque esto sucedió en otro tiempo y en otro lugar muy poco cambió hasta ahora. Dios aún desea bendecir a los seguidores de Cristo, para que a su vez, ellos sean una bendición para su prójimo. También nosotros, si no somos cuidadosos, podemos interpretar falsamente como privilegio y no como responsabilidad las bendiciones enviadas por Dios. Esta diferencia hace del ministerio y servicio cristiano algo de vital importancia en nuestro andar cristiano.

Este servicio y ministerio implica ofrecer nuestro tiempo, energía, esfuerzos, interés e influencia a gente que sabemos que necesita ayuda. Significa estar dispuestos cuando es conveniente para nosotros y también cuando no lo es. El servicio y el ministerio cristiano nos alejará, por períodos breves o largos, de nuestra zona de comodidad. No nos involucramos en actos de servicio y ministerio por obligación o expectativas personales, tampoco lo hacemos para sentirnos bien con nosotros mismos o respecto de quienes no hacen como nosotros; servimos y ministramos porque:

- Tenemos interés genuino en las personas.
- Vemos a la gente como Dios la ve.
- Realmente amamos a nuestro prójimo.
- Queremos que haya mayor justicia en nuestro mundo.
- El amor que Dios nos brinda debe fluir hacia otras personas.

Todos somos diferentes por cuestiones de edad, talento, áreas y niveles de habilidad, tipo de personalidad e intereses. Sin embargo, Dios tiene un lugar de servicio para cada uno de nosotros. Después de 20 años de llevar estudiantes a países del tercer mundo en viajes de trabajo y testimonio, no termino de sorprenderme. Cada año el equipo se conformó con individuos diferentes con habilidades particulares. Cada año, cuando cada miembro del equipo hizo su parte del trabajo, aunque el grupo fuera pequeño, logramos los objetivos, pero unidos. Y al hacerlo, nos divertimos muchísimo.

En Mateo 25:31-46 Jesús trata el tema del juicio y el fin del tiempo. Dice que todos seremos juzgados ese día, justos e injustos. Las decisiones eternas se tomarán basándose en nuestra relación con Dios, nuestra fe y en las obras realizadas en la tierra. Jesús mencionó algunas obras como: alimentar al hambriento, dar agua al sediento, hospedar al extranjero, compartir ropas y visitar a los enfermos y prisioneros. Además agregó que estos servicios hechos a personas que tienen necesidad, en realidad son hechos para Dios. Esto abre una puerta amplia para servir y ministrar a todos aquellos con quienes tenemos contacto. Cada uno de nosotros enfrentará el juicio individualmente, pero es evidente que hacemos un trabajo mucho mejor cuando servimos a otros en compañía de un amigo.

Servicio y ministerio, dos prácticas importantes que forman parte del discipulado cristiano. Al igual que Mattie Belle, lo hacemos porque tenemos interés genuino en las personas y en la obra de Dios. Reúnase hoy con su amigo de confianza y busque un ministerio que puedan desarrollar unidos. Ríndanse cuenta el uno al otro sobre la tarea, anímense mutuamente a hacer lo mejor posible. Sus esfuerzos ayudarán a otros, estarán cooperando con la obra de Dios y probablemente lo disfrutarán mucho.

Día 18

Recuerde: Servicio y ministerio con frecuencia puede ser más provechoso si lo realizamos con la ayuda de un amigo.

"... y comenzó a enviarlos de dos en dos..." (Marcos 6:6-7).

Día 19

¿ABANDONADO? NUNCA

"Como a las tres de la tarde, Jesús gritó con fuerza: —Elí, Elí, ¿lama sabactani? (que significa: Dios mío, Dios mío, ¿por qué me has desamparado?)" (Mateo 27:46).

Kevin y Janell asistieron a nuestra clase de escuela dominical por muchos años. Llegaban a la clase cada domingo y participaban en todas las actividades sociales y proyectos de servicio realizados por la clase. Luego, Kevin comenzó nuevamente a tener ataques, digo nuevamente, porque los había tenido cinco años antes debido a un tumor cerebral. Después de seguir un tratamiento cinco años atrás, Kevin mejoró y reasumió su vida, aunque con una agenda controlada. Con la reaparición de los ataques tuvo que enfrentar otro régimen de tratamientos agotadores y una nueva serie de cirugías. Las cirugías y tratamientos se prolongaron por los siguientes siete años y medio.

A través de toda esta lucha, Janell estuvo al lado de su cama, lo llevó a las citas médicas y cuidó de él en cada necesidad. Kevin tenía el problema físico, pero atravesaron juntos el valle de sufrimiento, llevaron la carga de la aflicción como un equipo. Finalmente, perdimos a Kevin, pero por medio de la experiencia de verlos transitar juntos camino abajo por la senda del sufrimiento, todos aprendimos lecciones de valor incalculable.

Hoy concluimos nuestro repaso sobre prácticas cristianas realizadas junto con un amigo. Culminamos la semana dando una mirada al sufrimiento en nuestra jornada cristiana y cómo, en medio de ello, podemos encontrarnos íntimamente con Cristo. El sufrimiento nunca es un tema agradable. Si fuera posible ni hablaríamos de ello y, menos, lo experimentaríamos. No tenemos necesidad de buscar el sufrimiento. Él siempre nos encuentra sin importar donde vivimos, quienes somos o a que nos dedicamos. Ninguna cantidad de poder, educación, fama, prestigio o dinero puede aislarnos para no ser alcanzados por el sufrimiento, es el destino común de todo viajero que transita por este mundo.

encuentro

Ninguna cantidad de poder, educación, fama, prestigio o dinero puede aislarnos para no ser alcanzados por el sufrimiento.

Los seguidores de Dios conocen la aflicción y los beneficios del sufrimiento desde los tiempos de Job. La experiencia de este hombre nos recuerda que el sufrimiento puede ser una buena herramienta para formar un discípulo. No nos agrada aceptarlo, pero sabemos que es verdad. El sufrimiento puede hacernos mejor en esta vida y prepara nuestra alma para la eternidad. Hace crecer nuestra fe y nos acerca a Cristo. Cuando miramos hacia atrás a algún tiempo difícil en nuestra vida, con frecuencia vemos que Cristo caminó a nuestro lado o, inclusive, nos llevó en andas. En los tiempos de sufrimiento Cristo puede, como en ninguna otra circunstancia, encontrarnos y acercarnos más a Él.

Nuestro pasaje de la Escritura para hoy, nos comparte las palabras que Cristo pronunció mientras colgaba de la cruz. Estas palabras nos recuerdan que Cristo sufrió mientras estuvo en la tierra. Ciertamente esta no es la única ocasión en que Cristo sufrió mientras estuvo entre nosotros. Sufrió con frecuencia en manos del diablo que le tentó a usar su poder divino para satisfacer necesidades personales, usar su poder como un mago con el fin de impresionar a la multitud o dejarse seducir por el diablo. Hallamos ejemplos claros de estas tentaciones en Mateo 4:1-11, Marcos 1:12-13 y Lucas 4:1-13. También sufrió con frecuencia en manos de los líderes religiosos que le tendieron trampas o intentaron desacreditar su ministerio (Lucas 11:37-54). Los discípulos también, vez tras vez, le hicieron sufrir al fallar en entender quien era Él, a qué vino y en qué consistía el reino de Dios aquí en la tierra (Mateo 16:21, 20:20-28). Nuestra Escritura para hoy nos da un ejemplo más sobre el sufrimiento de Jesús.

Si se nos diera la oportunidad de poner por escrito nuestras vidas, sin duda eliminaríamos por completo el sufrimiento del guión. Sin embargo, nunca tendremos esa opción. Algunos sufren más que otros, pero todos los seres humanos sufren en un nivel u otro. Para algunos es una carga física, para otros puede ser psicológica, emocional o relacional. Añada a esto la realidad de que existen los accidentes, desastres naturales como erupciones volcánicas, tornados, huracanes y tsunamis que visitan cada continente del mundo. Personas buenas sufren y mueren en todos los eventos difíciles de la vida.

Un revestimiento confortable nos rodea cuando en medio de la oscura nube del sufrimiento se nos acerca un amigo y comparte la experiencia. Tal vez usted tiene un amigo que sufre, si así es, tiene el privilegio de estar a su lado en este tiempo difícil. Usted puede ser llamado a cuidar de estas personas, a aliviar su carga o simplemente a acompañarla, tal vez es usted quien experimenta sufrimiento, en ese caso, regocíjese en el hecho de tener un amigo cristiano que camina a su lado. Tanto el que sufre como quien está a su lado, pueden crecer en la gracia de Dios y sentir la presencia y bendición de Cristo unirse a usted, de una manera única e íntima. Las palabras son insuficientes para describir el aliento que Cristo comparte con nosotros, por su presencia, en medio del sufrimiento.

> "El Señor mira sus sufrimientos con ojos de piedad y, además, es capaz de obtener algo bueno por medio de ellos"
>
> Isaac Penington

La vida y el ministerio de Jesús nos recuerdan que vivir una vida piadosa en esta tierra no nos garantiza que todo nos será favorable. Quisiéramos, también, creer esto. Queremos pensar que los que conducen un automóvil nuevo, visten ropas nuevas o ganan un premio en el trabajo otra vez este año tienen un favor especial de parte de Dios. Nunca haga esta conexión. Esta es una conclusión equivocada, puede que esos beneficios reflejen la bendición de Dios, pero puede suceder que no. El hecho de que usted no tiene un vehículo nuevo, o que no obtuvo un premio no significa que Dios le desfavorezca en algún sentido. Las adversidades llegarán a nuestra vida de la misma forma que a la vida de Jesús. Usted debe y puede aprender a vivir una vida victoriosa sobre ellas tal cual Él lo hizo.

Ser fieles a Dios en el servicio y recibir bendiciones de su mano no nos exime del sufrimiento humano. Jesús era el Hijo de Dios que realizó a la perfección la obra de Dios, y sufrió más que cualquiera de nosotros. Debemos estar dispuestos a unirnos a Él en su sufrimiento. Ese sufrimiento puede ser propio o el de algún amigo. Usted puede descansar en la seguridad de que en esas oscuras noches del alma, ya sean suyas o de algún ser querido, Cristo estará muy cerca de usted para confortarlo, ayudarlo y proveerle los recursos para el futuro. ¿Abandonado? Nunca, Cristo está con usted, también su amigo lo está.

Día 19

Recuerde: La vida traerá sufrimiento; puede enfrentarlo con Cristo a un lado y su amigo al otro.

"...Dios mío, Dios mío, ¿por qué me has desamparado?" (Mateo 27:46).

Ayúdanos, Señor, unos a otros ayudar;

Y así poder la cruz del otro llevar.

Cada uno su ayuda amiga ofrecer,

Y el cuidado del propio hermano experimentar.

Ayúdanos, Señor, unos a otros apoyar;

Y nuestro pequeño rebaño así aumentar;

Confirma la esperanza y aumenta nuestra fe,

Hasta nuestro amor perfeccionar.

Carlos Wesley (1707 – 1788)

USTED PUEDE ENCONTRARSE
CON CRISTO EN UN GRUPO
PEQUEÑO

encuentro

Día 20

AMIGOS

"Designó a doce, a quienes nombró apóstoles, para que lo acompañaran y para enviarlos a predicar... Éstos son los doce que él nombró: Simón (a quien llamó Pedro); Jacobo y su hermano Juan, hijos de Zebedeo (a quienes llamó Boanerges, que significa: Hijos del trueno); Andrés, Felipe, Bartolomé, Mateo, Tomás, Jacobo, hijo de Alfeo; Tadeo, Simón el Zelote y Judas Iscariote, el que lo traicionó" (Marcos 3:14,16-19).

¿Notó alguna vez, como muchos programas de televisión representan grupos de amigos que experimentan la vida juntos? Algunas veces viven en el mismo edificio de departamentos; otras veces trabajan en el mismo hospital u oficina; también están quienes asisten a la misma escuela o se reúnen por ser de edades similares. Las situaciones y los contextos del programa televisivo varía en gran forma, sin embargo, tienen un aspecto común: vida de grupo.

La sociedad contemporánea crea muchas barreras que pueden llevar a las personas a claustros de soledad o aislamiento. Trabajar en cubículos impersonales, sistemas de telefonía automatizados y la cibernética hacen que con frecuencia, los individuos se sientan como un alma desconectada flotando en un bote perdido en el mar.

Aviones, trenes y automóviles nos llevan más lejos y más rápido de lo que nuestros abuelos jamás soñaron. La radio y la televisión por medio de satélites, nos conectan continuamente con el resto del mundo. La Internet de alta velocidad y los teléfonos celulares nos brindan comunicación global instantánea. Aún así, en medio de la sociedad más interconectada y móvil de la historia, la gente expresa sentimientos de soledad y desconexión. Esto explica el renovado interés en los programas de televisión que realzan la identidad grupal. Cuando los espectadores miran estos programas participan de la vida de los personajes y, de alguna manera, se sienten conectados al grupo. Desafortunadamente, al terminar el show, estos espectadores vuelven a sus vidas solitarias y desconectadas. Esto puede explicar por qué muchas personas encuentran gran valor en unirse a un grupo determinado. Necesitan experimentar el sentido de pertenencia, que se ajustan a la realidad del grupo, que contribuyen y que son necesarios.

No debe sorprenderle, mi amigo cristiano, que la identidad de un grupo provea muchos beneficios. Los cristianos siempre valoraron la membresía en los grupos. Jesús mostró la importancia de pertenecer a un grupo cuando reunió a doce hombres a su alrededor al comenzar su ministerio público. Nuestra lectura bíblica para hoy registra este hecho y los nombres de los individuos. Los doce siguieron casi todos los pasos que Jesús dio en su ministerio terrenal. Escucharon casi cada palabra que habló y observaron casi cada acto que realizó. Los hombres que formaron este grupo íntimo sintieron cada latido del corazón de Jesús por la humanidad necesitada y se sintieron desafiados a vivir como Él.

Jesús no cambió su patrón de vida cuando vino a la tierra a vivir en comunidad con nosotros. Como segundo miembro de la Trinidad, vivió vida comunal desde la eternidad pasada con el Padre y el Espíritu Santo. El continuará ese estilo de vida en la eternidad futura con el Padre, el Espíritu Santo y con todos sus seguidores. Esta es la buena noticia del evangelio: que algún día en la eternidad, nos reuniremos con la Trinidad y compartiremos la vida para siempre.

Al leer el Nuevo Testamento y comenzar a formar un retrato de la iglesia primitiva, se hace evidente que los primeros cristianos no pensaban acerca de ellos mismos como seguidores individuales de Jesucristo, sino que con mayor frecuencia se identificaron a sí mismos como miembros de un grupo. Como sucedió en la iglesia primitiva notamos que ese grupo traza su huella con claridad a lo largo de cada generación en la historia de la iglesia. Donde sea que los seguidores de Jesucristo vayan, siempre se reúnen en grupos.

> *Los primeros cristianos... con mayor frecuencia se*
> *identificaron a sí mismos como miembros de un grupo.*

Piense, por un momento, en los posibles grupos de identidad en su vida cristiana. Tal vez pertenece a una clase de escuela dominical o a un grupo de estudio bíblico de compañerismo entre adultos. Tal vez usted y su cónyuge participan en un estudio bíblico con otras parejas de su edad. Los hombres suelen unirse a grupos de estudio bíblico para ellos, mientras que las mujeres se reúnen para estudiar la Palabra desde la perspectiva de la mujer. Los atletas con frecuencia comparten sus vidas cristianas. En nuestra iglesia, inclusive, tenemos un grupo de motociclistas entusiastas que hacen largos paseos y comparten su experiencia cristiana. En la comunidad cristiana las posibilidades para participar en algún grupo son abundantes.

Esta semana continuaremos nuestro examen de los ejercicios y prácticas de la vida cristiana. Veremos cómo podemos realizarlos al ser miembros de un grupo pequeño. El crecimiento espiritual a largo plazo rara vez acontece en aislamiento. Cristo, con mayor frecuencia, ayuda a sus seguidores a crecer y a desarrollarse mientras participan en grupos. Su Espíritu vive y trabaja en nuestros espíritus en forma individual. Sin embargo, los amigos que forman parte de los grupos pequeños nos animan, nos escuchan, nos ayudan a ser responsables, oran con y por nosotros, nos corrigen, son honestos, nos dicen la verdad sobre nosotros mismos, nos apoyan, están a nuestro lado cuando los necesitamos y a veces, cuando la necesidad es abrumadora, nos llevan en andas. Están a nuestra disposición 24 horas al día, los siete días de la semana. Nos aceptan y nos aman incondicionalmente tal cual somos hoy y cuando seamos aquello en lo que Cristo quiere transformarnos. Viven la vida junto con nosotros y dirigen nuestra atención hacia el trabajo que Cristo realiza tanto en nosotros como en el grupo en sí.

Como miembro de la comunidad cristiana usted tiene el gran privilegio de unirse a otros cristianos en el ambiente de los grupos pequeños. Jesús, mientras estuvo en la tierra, estableció identidad de grupo como la norma para sus seguidores. Hasta el día de hoy, Él bendice a los grupos pequeños con beneficios variados. Sé que usted está ocupado; yo también lo estoy. Tal vez sienta que puede vivir toda su vida por sí solo. Permítame advertirle: no lo logrará, necesita el aporte y los beneficios que brinda a su vida la interacción del grupo pequeño. Esta semana examinaremos algunos de los beneficios de ser miembro de algún pequeño grupo de cristianos.

encuentro

No necesita pertenecer a varios grupos pequeños, ser miembro de uno o dos será suficiente. Tome un minuto y piense sobre su participación y posibles opciones de participar en grupos pequeños. ¿Está comprometido en participar en una clase de escuela dominical, en un grupo pequeño de estudio bíblico u otro grupo cristiano? Si es así, ¡excelente! Ya está listo para continuar en la exploración de las reflexiones de esta semana concernientes a crecer en el ambiente de grupo.

Si no está comprometido en participar en algún grupo pequeño, decida dónde puede incluirse, comprométase y únase al mismo. Si su lucha consiste en hallar un lugar dónde conectarse, hable con su pastor, pídale ayuda en ubicar un grupo pequeño que sea adecuado para usted. Luego, lea el material para esta semana con este grupo en mente. Prométase a usted mismo que antes del fin de semana, dará los pasos necesarios para involucrarse en ese grupo pequeño. Estará feliz de hacerlo. Su crecimiento y desarrollo espiritual lo requerirá.

Día 20

Recuerde: Jesús con frecuencia utilizó grupos para ayudar al crecimiento y desarrollo de sus seguidores.

"Designó a doce…" (Marcos 3:14a).

Día 21

ESTE ES SU LUGAR

"En seguida Jesús hizo que los discípulos subieran a la barca y se le adelantaran al otro lado mientras él despedía a la multitud. Después de despedir a la gente, subió a la montaña para orar a solas. Al anochecer, estaba allí él solo, y la barca ya estaba bastante lejos de la tierra, zarandeada por las olas, porque el viento le era contrario" (Mateo 14:22-24).

Crecer en una granja me brindó muchas oportunidades de nutrir una vívida imaginación. Mis hermanos y yo usábamos con frecuencia nuestra imaginación para transformar un simple cobertizo o una casa hecha en un árbol, en un fuerte o en un cuartel central internacional de espías. Después de construir nuestro fuerte, creábamos reglas para guiar nuestra fantasía. Usualmente poníamos un cartel a la entrada con la inscripción: "No se permiten mujeres". Puesto que vivíamos en una granja ubicada al final de un camino sin asfaltar y sin vecinos cerca, el cartel se aplicaba a una única mujer: nuestra hermana. Yo sé, la discriminamos, pero ella nos perdonó ¡Al menos eso creo! En otras ocasiones jugábamos juegos o creábamos fantasías que la incluían, después de todo era nuestra hermana. Jugábamos juntos por horas, comíamos nuestras comidas en el fuerte y, con frecuencia en las noches tibias, dormíamos allí.

Estas memorias de la infancia llaman la atención hacia el valor de la participación grupal. Nosotros, los cuatro hermanos Moore vivíamos nuestras vidas y crecíamos juntos en la granja mientras comíamos, jugábamos, explorábamos, peleábamos y hacíamos casi cada cosa que los hermanos hacen. Nos desarrollamos en la vida como miembros de una familia, pudimos ver lo mejor y lo peor de cada uno de nosotros. Casi nunca pretendimos impresionar o amenazarnos entre nosotros, a menos que deseáramos que alguien hiciera algo para nosotros. Nos aceptábamos unos a otros por quienes éramos y nos apoyábamos mutuamente siempre. Teníamos un compromiso de corazón.

Este último párrafo, describe la manera en que Jesús y sus discípulos vivieron juntos su vida. Experimentaron juntos días buenos y malos, caminaron con Jesús a través de tiempos fáciles y difíciles. El pasaje escogido para hoy ubica a los discípulos en problemas en medio del mar, atrapados en medio de una tormenta. Acababan de contemplar uno de los milagros más grandes de Jesús: la alimentación de cinco mil hombres y sus familias. En pocas horas las circunstancias de vida cambiaron drásticamente, ahora estaban en peligro. En medio de ese peligro Jesús realizó otro gran milagro, caminó en el lago sobre el agua para ayudarlos e invitó a Pedro a caminar hacia Él. La vida de Jesús con sus discípulos nos recuerda los muchos beneficios espirituales que disfrutamos juntos como miembros de nuestro grupo pequeño.

Analicemos algunas prácticas espirituales que ya consideramos en ocasiones previas; esta vez, veamos cómo se aprecian desde la perspectiva de un grupo. El grupo puede ser una clase de escuela dominical, un grupo de compañerismo y estudio bíblico o un grupo en el que rendimos cuenta de nuestra vida espiritual.

Oración. En realidad no entiendo por qué, pero la oración toma una dinámica diferente cuando los cristianos oramos en grupo. Tanto la oración personal como la que se hace con un compañero, juegan un papel importante en nuestra vida espiritual. Aún así, Dios trabaja en y a través nuestro como miembros de un grupo pequeño en formas totalmente diferentes. La interacción del grupo brinda una dinámica única a la oración.

Por más de tres décadas he sido maestro de escuela dominical. Mi esposa Susana y yo guiamos juntos un tiempo de oración cada semana. Compartimos peticiones de oración y respuestas. Durante la semana nos comunicamos con los miembros del grupo por medio de correos electrónicos. ¡Sucedió otra vez esta semana! Dios realizó un milagro de salud absoluto que sorprendió hasta a los médicos. Tengo una gran confianza en lo que Dios hará cuando nuestra clase de escuela dominical le presenta sus necesidades. Las situaciones y la gente se benefician. Ha sucedido demasiadas veces como para que tenga dudas de la eficacia de orar en grupo.

Por lo tanto, cuando tenga una necesidad especial, pida a su grupo pequeño que juntos oren por ella.

Estudiar la Biblia. Los cristianos, como mencionamos ayer, se reúnen en grupos pequeños por varias razones, sin embargo, la mayoría de las veces se realiza algún tipo de estudio bíblico. Según tratamos en el devocional del día ocho, usted debe mantener su estudio personal de la Palabra de Dios, ya que ninguna otra forma de estudiar la Biblia debe reemplazar esto; pero también es beneficioso compartir la iluminación recibida al estudiar la Palabra con un amigo según mencionamos en el devocional del día 14. No obstante, recibirá alguna de las mayores enseñanzas de la Palabra al estudiarla en un círculo de amigos. El Espíritu de Dios habla de una manera única cuando el grupo comenta el resultado del estudio de los pasajes en forma unida. Me sorprendo cada semana por la variedad de enfoques y perspectivas que mis amigos me muestran en el estudio de la Palabra. Lecciones y perspectivas que nunca hubiera pensado por mí mismo. Necesito la ayuda de otros ojos para captar lo que mi limitada perspectiva pierde.

Entonces, abra su Biblia junto con su grupo de estudio y permita que Dios le instruya por medio de ellos.

Reflexionar. Estudiar la Biblia en grupo, en muchas ocasiones, nos lleva a pensar en forma unida sobre el significado de un pasaje o una doctrina determinada. Los aportes de cada miembro del grupo nos llevan a discusiones adicionales. A veces hablamos sobre cómo aplicar a nuestras vidas las verdades que estudiamos, o sobre lo que el pastor predicó el domingo o, sobre lo que un compañero de trabajo dijo respecto a su fe. Algunas veces nuestro grupo de estudio bíblico se envuelve tanto en una rica discusión, que la continuamos la siguiente semana. La perspectiva o las experiencias de otras personas pueden darle un color completamente diferente a nuestro pensamiento. Esta es la razón por la que disfruto tanto al pensar en grupo como cristianos. Mi perspectiva se enriquece y se expande por las contribuciones de otros.

Entonces, permita que su grupo cristiano le ayude a pensar sobre su fe y a leer la Biblia en formas nuevas e interesantes.

Auto examen. Ya consideramos el auto examen y el compartirlo con un amigo de confianza. Ahora veámoslo desde la perspectiva de un grupo pequeño. La mayoría de los grupos de estudio bíblico exigen responsabilidad de sus miembros en asistencia y lectura de la Biblia. Otros dan un paso más y hacen que sus miembros se pregunten unos a otros sobre su andar cristiano. Juan Wesley desarrolló un sistema completo de nutrición para los creyentes en la fe con el uso del examen espiritual en grupos. Para que esta práctica pueda ser efectiva los miembros del grupo deben:

- Comprometerse con el grupo por un extenso período de tiempo.
- Confiar uno en el otro.
- Someterse uno al otro.
- Ser abierto y honesto entre sí.
- Mantener confidencialidad respecto a lo que los miembros comparten.

La práctica del autoexamen a través de rendir cuentas ante un compañero y el autoexamen dentro de un grupo pequeño, promueven que seamos diligentes en nuestro diario vivir. Algo que nos puede ayudar mucho, son los reportes semanales. Así que, piense en mantenerse a cuentas con su grupo en su caminar con Cristo.

Servicio/Ministerio. Los actos de servicio y los ministerios realizados con un amigo confiable son importantes, pero necesitamos algo más, necesitamos añadir la dimensión espiritual que surge cuando nuestro grupo sirve a otros. Miembros de una clase de escuela dominical o de un estudio bíblico pueden realizar con asiduidad proyectos de servicio durante el año. Hoy por ejemplo, anunciamos uno en nuestra clase de escuela dominical. Los miembros de la clase se reúnen a un tiempo determinado y ayudan a la gente necesitada en el nombre de Jesús. Algunas veces esa gente que tiene necesidades asiste a la iglesia, mayormente son personas que no lo hacen, pero a pesar de ser desconocidos, tienen necesidades especiales.

Grupos de la iglesia se reúnen varias veces al año y acometen proyectos de servicio en nuestra comunidad, en nuestro estado y alrededor del mundo. Entre los miembros del equipo que realiza la tarea se desarrolla un lazo de compañerismo como en ningún otro ambiente. Cuando el mundo nos ve vivir nuestra fe de maneras tangibles y que hace una diferencia en la vida de la gente, nuestro testimonio de Cristo es resaltado. Por un momento, repase el día 18 por alguna de las bendiciones que implica ministrar a las personas en el nombre de Cristo.

Por esto, reúnase con su grupo, arremánguese la camisa y pónganse a trabajar en algún proyecto de ministerio.

Estas cinco prácticas son una pequeña muestra de las muchas maneras en que usted puede crecer espiritualmente por medio de grupos de interacción. Nos sirven como recordatorio de que Cristo se encuentra con nosotros en formas nuevas, aún en los ejercicios que ya tratamos en este libro, cuando los realizamos con un grupo de amigos.

Día 21

Recuerde: Cristo lo encuentra en formas nuevas y refrescantes cuando usted participa en un grupo cristiano.

"En seguida Jesús hizo que los discípulos subieran a la barca y se le adelantaran al otro lado mientras él despedía a la multitud" (Mateo 14:22).

Día 22

JUNTOS PARA VER MEJOR

"Dirigiéndose a todos, declaró: —Si alguien quiere ser mi discípulo, que se niegue a sí mismo, lleve su cruz cada día y me siga. Porque el que quiera salvar su vida, la perderá; pero el que pierda su vida por mi causa, la salvará" (Lucas 9:23-24).

Una de las compañías innovadoras en el desarrollo del llamado Sistema de Posicionamiento Global (GPS) tiene sus oficinas centrales y una planta de producción a un par de cuadras de nuestra casa. Muchos de nuestros estudiantes universitarios trabajan allí durante su tiempo de estudios. Los sistemas para guiar grandes aerolíneas comerciales, pequeños aviones privados, camiones con remolques, vehículos para recreación, automóviles y aún ciclistas y escaladores incursionaron en este gran negocio en los últimos años. La premisa de esta industria nueva es: la gente necesita dirección.

A veces nos molesta aceptarlo pero todos nosotros, en un momento u otro, necesitamos dirección. Ya sea que estemos buscando un local comercial al otro lado de la ciudad, o un lugar para ir de vacaciones. Recibir la ayuda de alguien que nos brinde dirección puede ser esencial para hallar nuestro camino. Esta verdad que es cierta para viajes en carreteras también lo es para nuestra vida espiritual. El Espíritu de Dios algunas veces nos instruye de manera profunda en nuestro corazón y mente al escuchar su voz. Algunas veces nos instruye por medio de un compañero que nos demanda ser responsables con nuestra vida espiritual. Hoy queremos explorar la avenida que el Espíritu de Dios utiliza para instruirnos por medio de los miembros de nuestro grupo pequeño.

Casi todos hemos experimentado sentarnos en un círculo de amigos y escuchar consejos sobre cómo manejar un problema particular. Algunos de los comentarios son útiles y otros no tienen ningún valor. Al final, solemos tener diversidad de opciones a partir de las cuales escogemos nuestro curso de acción. Hoy no hablamos de esto, queremos elevar nuestra mirada por encima de esto, deseamos más que simplemente obtener una variedad de opiniones personales.

En nuestro pasaje bíblico para hoy, Jesús se sentó y habló con sus discípulos de varios temas. Primero les preguntó quien pensaba la gente que era Él (Lucas 9:18-20). Luego predijo su crucifixión (Lucas 9:21-22). Después, les dio indicaciones espirituales sobre cómo ser sus seguidores. Contradijo la sabiduría convencional de su tiempo al llamar a sus discípulos a negarse a sí mismos, humillarse y seguir su ejemplo (Lucas 9:23).

Los discípulos no simplemente se sentaron en círculo y compartieron sus opiniones. También recibieron dirección espiritual de alguien que conocía el corazón de Dios. El valor de compartir opiniones está en que nos presentan opciones y nos ayudan a pensar en forma diferente, sin embargo, no necesariamente portan el peso de la autoridad divina y no siempre son la voz de Dios para nosotros. La dirección espiritual provista por Jesús a sus discípulos tenía ambas cosas, autoridad divina y era para ellos la voz de Dios.

Ahora que Jesús regresó al lado del Padre, continúa proveyendo dirección espiritual a sus discípulos en diferentes formas. Algunas veces nos dirige por medio de la Biblia; otras, oímos la voz de su Espíritu que habla a nuestro espíritu y aún en otras ocasiones, como vemos hoy, nos habla por medio de un miembro de nuestro grupo pequeño.

Ahora que Jesús regresó al lado del Padre, continúa proveyendo dirección espiritual a sus discípulos en diferentes formas.

Cuando los miembros de un grupo son usados por Dios para proveer dirección espiritual nos ayudan en las siguientes formas:
- Discernir el trabajo de Dios en nuestras vidas.
- Escuchar junto con nosotros la voz de Dios.
- Reconocer la presencia de Dios en nuestra situación actual.
- Ver y llamar nuestra atención a las áreas de nuestra vida que comúnmente no vemos.
- Vivir una vida que honre el llamado que recibimos de Dios.

Los detalles en nuestra agenda de "quehaceres diarios", suelen mantenernos tan ocupados que, muchas veces perdemos de vista el gran propósito espiritual de Dios para nuestras vidas. Los días se transforman en semanas y las semanas en años. Con el tiempo, perdemos contacto con el mapa que Dios diseñó para nuestro peregrinaje espiritual. Los miembros del grupo nos ayudan al proveernos otros pares de ojos para ver lo que Dios puede estar haciendo o tratando de hacer en nosotros. Nos brindan otro par de oídos para escuchar lo que Dios, fuerte o suavemente, trata de decirnos.

> "Nos hablamos los unos a los otros sobre la base de nuestras necesidades comunes. Nos amonestamos unos a otros de la manera que Cristo nos ordena hacerlo. Nos advertimos unos a otros en contra de la desobediencia que es nuestro común destructor. Somos amables y, a la vez, severos unos con otros por que conocemos ambas cosas, la bondad y la severidad de Dios"
>
> Dietrich Bonhoeffer (1906 -1945)

Al sintonizar espiritualmente nuestras vidas con Dios, notamos que la dirección espiritual de nuestro grupo no viene de las opiniones compartidas por los miembros del mismo, sino del Espíritu de Dios. Después de todo, la verdadera dirección espiritual sólo viene del Espíritu de Dios. Dios opera a través de los miembros del grupo a medida que ellos se dedican a todos los ejercicios espirituales que tratamos en los devocionales de los días 6 al 12. Estos ejercicios incluyen, escuchar en silencio, leer la Biblia en privado, meditar, escribir las ideas y enseñanzas, llevar un estilo de vida sencillo y el auto examen. Al realizar estos ejercicios, los miembros del grupo experimentan el crecimiento y desarrollo espiritual que los lleva a la madurez espiritual.

Madurez espiritual no significa que haremos todo a la perfección y que no cometeremos errores. Tampoco implica falta de temperamento personal o posterior necesidad de crecimiento. La vida de todos los cristianos es un trabajo en progreso. Todos fallamos en una u otra circunstancia de nuestra vida. Todos poseemos un temperamento personal. Todos podemos y necesitamos seguir creciendo por el resto del tiempo que vivamos en esta tierra. Pero, a pesar de nuestras imperfecciones, Dios escoge hablarnos y nos ofrece dirección espiritual por medio de compañeros de viaje en el camino cristiano. ¡Si Dios pudo hablar por medio de un arbusto ardiendo (Éxodo 3:2) y un burro (Número 22:28), indudablemente puede hablarnos por medio de un compañero creyente!

Los grupos pequeños ofrecen dirección espiritual a sus miembros en formas diferentes. Algunos grupos se reúnen cada semana y proveen oportunidad para que cada miembro del grupo comparta sus necesidades o asuntos que requieren dirección espiritual. Entonces, los miembros del grupo proveen consejo espiritual en relación al problema o necesidad. Otros grupos en cambio, consideran el consejo espiritual en sus reuniones como algo ocasional. Éstos ofrecen dirección espiritual sólo cuando los miembros del grupo dan a conocer una necesidad espiritual particular.

También varía el tiempo para ofrecer dirección espiritual. Puede ofrecerse durante la reunión o durante la semana, luego que los miembros del grupo tuvieron tiempo de orar y reflexionar sobre la necesidad presentada. Ellos pueden reunirse para hablar, comunicarse por teléfono o enviar correos electrónicos. La estructura y el tiempo para proveer dirección espiritual no es tan importante como el hecho de que los miembros del grupo se unan para escuchar y responder a la voz de Dios para sus vidas.

En la conocida historia infantil "Caperucita Roja", la niña vestida con el capote de ese color cuestiona al impostor acostado en la cama de su abuela acerca de sus grandes ojos. El impostor disfrazado responde que esos enormes ojos son "para verte mejor". ¡Usted conoce el resto de la historia! ¿El punto al que me refiero? Nuestros ojos nunca son lo suficientemente grandes para ver todo lo que Dios desea hacer en nuestras vidas. Esta es la razón por la cual necesitamos ojos más grandes, éstos son provistos por el grupo pequeño al ofrecernos dirección espiritual para que podamos ver el cuadro completo de lo que Dios se propuso hacer en nuestras vidas.

Permítame desafiarle para que esta semana usted mismo se abra para recibir dirección espiritual de su grupo. Permita que Dios le instruya en formas nuevas al hablarle por medio de los miembros del grupo. Se sorprenderá al ver cómo Dios puede comunicarse con usted por medio de sus amigos de confianza. En este proceso se encontrará con Cristo en formas únicas.

Día 22

Recuerde: Dios con frecuencia le ofrece dirección espiritual para su vida por medio de su grupo pequeño. ¡Escuche atentamente!

"Porque el que quiera salvar su *vida, la perderá; pero el que pierda su vida por mi causa, la salvará" (Lucas 9:24).

Día 23

UNA EXPERIENCIA EN LA CIMA DE LA MONTAÑA

"Unos ocho días después de decir esto, Jesús, acompañado de Pedro, Juan y Jacobo, subió a una montaña a orar. Mientras oraba, su rostro se transformó, y su ropa se tornó blanca y radiante" (Lucas 9:28-29).

Hace dos días le compartí algunas de mis aventuras mientras crecía en una granja. Hoy quiero referirme a otra actividad en la que participamos mi hermana, mis hermanos y yo mientras jugábamos en nuestro fuerte. Algunas veces jugábamos que los lugares por nosotros construidos eran iglesias y en su interior hacíamos reuniones. Como no vivían otros niños cerca de nuestra granja, aumentábamos nuestra asistencia invitando a nuestras mascotas. Traíamos a las reuniones perros, gatos, patos, gansos, pollos y las vacas que observaban desde la ventana. Mi hermana guiaba la alabanza, yo predicaba el sermón. Creo que esta fue mi primera experiencia de adoración en un grupo pequeño.

En el pasaje escogido para hoy vemos a Jesús junto a tres de sus discípulos y dos invitados más en un grupo pequeño de adoración. El relato continúa hasta el versículo 36, lea todo el pasaje para captar la historia completa. El grupo tuvo un tiempo de adoración unida bastante sorprendente. Los participantes fueron Jesús, Pedro, Santiago, Juan, Moisés y Elías. Los últimos dos fueron invitados muy especiales a este evento de adoración pues habían estado en el cielo por varios cientos de años.

Los encuentros con Dios que hasta aquí consideramos, incluyen frecuentemente elementos de adoración como los mencionados en los días 6 al 12. En esos devocionales hablamos de pasar tiempo con Dios en oración, meditación, lectura de la Biblia, reflexión, escribiendo las ideas y practicando el auto examen. Cada una de estas actividades hacen posible, por sí mismas, que adoremos a Dios en forma privada. A menudo limitamos nuestra definición de adoración a lo que realizamos junto con toda la congregación de cristianos, como sucede el domingo por la mañana o la tarde. La adoración, indudablemente, acontece en un ambiente como ese. La semana próxima consideraremos este aspecto de la adoración, por ahora queremos enfocar nuestra atención en cómo adorar a Dios en el ambiente de un grupo pequeño.

Para lograr esto, debemos ampliar nuestra compresión de lo que constituye adoración. Usualmente pensamos que los elementos que componen la adoración son cantos, oraciones, lectura de la Escritura, música especial y un sermón. Indudablemente podemos aplicar estos elementos a diversas situaciones de adoración. No obstante, estas actividades, en o por sí mismas, no capturan la esencia de la adoración. La verdadera adoración no puede ser contenida por cierto estilo de música o determinados instrumentos musicales, cierto tipo de oración o cualquier otra actividad. Más bien, la verdadera adoración fluye de:

- Valorar a Dios más que a cualquier otra cosa en la vida.
- Buscar primero el reino de Dios.
- Poner primero a Dios en todos los aspectos de la vida diaria.
- Obedecer a Dios.
- Deleitarse en Dios.
- Adorar y alabar a Dios.
- Reflexionar sobre el misterio y lo maravilloso que es Dios.
- Reposar en silencio en la presencia de Dios.
- Enfocar nuestra atención en Dios.
- Amar a Dios.
- Buscar formas de conocer mejor a Dios.
- Glorificar a Dios con nuestras vidas.

Mire la lista de verbos recién mencionada, cada verbo nos llama a hacer algo específico en nuestra relación con Dios. Tener fe implica creer y confiar en Dios con todo nuestro corazón y toda nuestra mente. La adoración incluye poner esta fe y confianza en acción, pasos concretos que trae nuestra fe a la vida.

Muchos de los elementos mencionados anteriormente pueden y deben, en algún momento, suceder en las reuniones de un grupo pequeño de cristianos. Miremos una vez más la reunión del grupo pequeño acontecida en

Lucas 9. Note cuantos de estos elementos sucedieron en ese evento de adoración.

Lucas 9:28-36 no menciona que el grupo cantara o escuchara un sermón, sin embargo, es obvio que enfatiza la comunión con el Padre. Ellos adoraron al Padre al orar y reiteraban el valor que Jesús concedió a aceptar la voluntad del Padre hasta su propia muerte. Note lo que sucede al final de esta sesión de adoración. El Padre honra la reunión del grupo visitándolos y hablándoles. ¡Este es el mayor honor que Dios puede ofrecer a cualquier grupo que se reúna para adorar!

Piense en el grupo pequeño del cual usted forma parte y responda las siguientes preguntas.

1. ¿Cuál de los elementos de adoración mencionados en la lista anterior están presentes en las reuniones de su grupo?
2. ¿En qué actividades usted incluye estos elementos?
3. ¿Cuál de los elementos puede añadirse para hacer su tiempo de adoración unida más significativo?
4. ¿Cómo podría usted efectivamente llevar a cabo esto?

En nuestra adoración a Dios con frecuencia hablamos de experiencias en la cima de la montaña, evocando lo sucedido en Lucas 9. Según las Escrituras, Jesús y sus discípulos tuvieron en verdad, una experiencia en la cima de la montaña. ¿Qué hizo que esa experiencia fuera tan memorable? ¿Fueron las actividades en las que participaron juntos? Claro que no. Su tiempo juntos permaneció memorable porque el Padre se unió a ellos en un encuentro divino especial. Ellos no practicaron ninguna fórmula mágica para obligar al Padre a unirse a ellos. Ellos, simplemente lo adoraron en forma conjunta y Él vino. Cada vez que se reúna con su grupo pequeño recuerde las palabras de Jesús, "Porque donde dos o tres se reúnen en mi nombre, allí estoy yo en medio de ellos" (Mateo 18:20).

Asegurarse de que en las reuniones de su grupo pequeño siempre se incluyan elementos de adoración. Al adorar unidos, estén listos a encontrar a Cristo. Él prometió estar allí.

Día 23
Recuerde: El tiempo que pasamos reunidos en grupos pequeños con otros cristianos puede ser siempre un gran tiempo de adoración.

"Unos ocho días después de decir esto, Jesús, acompañado de Pedro, Juan y Jacobo, subió a una montaña a orar" (Lucas 9:28).

Día 24

UNÁMONOS A LA FIESTA

"Al tercer día se celebró una boda en Caná de Galilea, y la madre de Jesús se encontraba allí. También habían sido invitados a la boda Jesús y sus discípulos" (Juan 2:1-2).

Nuestra clase de escuela dominical disfruta grandemente los tiempos de compañerismo. ¡Tienen una capacidad increíble para imaginar actividades en la cuales juntarse y comer! Celebramos todos los feriados religiosos y nacionales conocidos por la humanidad. ¡Creo que celebrarían el día nacional de Finlandia si conocieran la fecha! Todos los eventos sociales incluyen comida. Algunas veces llevamos a la iglesia diferentes comidas y las compartimos. Otras veces vamos a la casa de uno de los miembros de la clase, allí cocinamos y comemos. En otras ocasiones vamos a restaurantes, ¡por supuesto que la comida no es un elemento indispensable en el compañerismo cristiano, pero es un buen incentivo!

¿Qué es lo que nos mueve a reunirnos en tan variados ambientes? ¿Es la variedad y calidad de la comida? No, nos encanta reunirnos porque disfrutamos de esta camaradería cristiana. Esta confraternidad contribuye de manera vital a la vida cristiana como un todo. Muchas veces pensamos en experimentar la presencia de Jesús o andar por avenidas de crecimiento espiritual sólo en términos de orar, leer la Biblia, meditar, reflexionar, escribir pensamientos en un diario personal, auto examen o adoración. Estas prácticas pueden parecer más piadosas que el compañerismo cristiano, pero con certeza, no son más importantes. Compartir con los hermanos en la fe juega un rol vital en el crecimiento espiritual.

En el pasaje que seleccionamos para hoy, vemos que Jesús y sus discípulos asistieron a una boda. Nuestra atención, en este momento, no se centra en aspectos como el milagro sorprendente que Jesús realizó o en que este fuera el primer milagro realizado en su ministerio público. El pasaje llama nuestra atención, pues nos recuerda que Jesús compartió una gran parte de su tiempo en celebraciones sociales con sus discípulos. Comían y bebían juntos, a la vez que compartían sus vidas espirituales. Antes de la crucifixión, el último evento que Jesús compartió con sus discípulos fue una comida (Lucas 22:7-38); inclusive, compartió una comida inmediatamente después de su resurrección (Juan 21:10-14). Estos ejemplos, entre otros, nos recuerdan que Jesús consideró como una prioridad la comunión o confraternidad cristiana.

¿Qué sucede cuando nos reunimos y confraternizamos con nuestro grupo pequeño? Primero, experimentamos la vida cristiana vivida en su esencia, en el contexto de una comida compartida entre amigos. Estas ocasiones proveen grandes oportunidades de introducir nuevos cristianos al gozo de compartir nuestras vidas. Segundo, al hablar y reír juntos nos animamos unos a otros. La vida demanda demasiado tiempo de trabajo, responsabilidades, concentración y estrés. El compañerismo cristiano nos permite distendernos y ser nosotros mismos en un ambiente seguro. Tercero, este tipo de compañerismo hace posible rendir cuentas de nuestra vida cristiana; en otras palabras, los miembros del grupo saben si asistimos o no. Si ellos perciben que nos estamos apartando de la interacción del grupo, pueden intervenir y ayudarnos a regresar al grupo para beneficiarnos de su propósito y, así, poder mantenernos fieles. Son pocos los creyentes que al participar de un grupo de cristianos, en el que se examina cada vida, se apartan de Cristo y de la iglesia. Cuarto, estos tiempos para socializar crean una atmósfera para que los miembros del grupo se abran y compartan sus cargas.

Al compartir las luchas y necesidades se crea la oportunidad de apoyarnos mutuamente. Finalmente, debemos recordar que comer juntos enmarca el más íntimo de los eventos sociales. Compartir comidas provoca que la gente se reúna. Es decir, cuando los cristianos comparten tiempo juntos, especialmente alrededor de una mesa con comida, crean lazos más fuertes entre sí.

Sé lo importante que puede ser el compañerismo cristiano para la vida de los miembros de un grupo pequeño porque crecí viéndolo en acción. No recuerdo ningún domingo durante mi infancia en que nuestra familia no compartiera el almuerzo y la tarde en la casa de alguna familia cristiana, o que no trajéramos otra familia cristiana a nuestro hogar para este propósito. Los niños jugábamos juntos mientras que los padres hablaban acerca de la vida, su fe y su andar con Cristo. Miro estas memorias en forma retrospectiva porque esas reuniones de grupos pequeños me ayudaron a ver el cristianismo como mucho más que una religión. En un sentido muy real llegué a verlo como una vida compartida por medio de una interacción vital con otros creyentes.

Piense acerca de las actividades sociales en las que participó la última semana o mes. ¿Qué porcentaje de esas actividades involucraban creyentes cristianos? Usted debe mantener su identidad social primaria con otros cristianos. Indudablemente usted debe tener interacción social con compañeros de trabajo y también con familiares, amigos y vecinos no cristianos. Sin embargo, estas formas de interacción social no constituyen su identidad social primaria, por eso necesitamos destinar tiempo para reunirnos con otros cristianos y, simplemente, compartir una comida, compañerismo y la vida misma.

El compañerismo cristiano añade una dimensión especial que no está presente en los encuentros sociales del mundo. Allí se puede hallar un lugar para encontrarnos, comer, beber y escuchar música, pero no se obtiene esa camaradería única que los cristianos experimentan al reunirse. ¡Ese lazo especial no puede duplicarse! Por lo tanto, reúnase con frecuencia con sus amigos cristianos. Al hacerlo, busque formas para encontrarse con Cristo. Recuerde las palabras de Jesús que mencionamos ayer: "Porque donde dos o tres se reúnen en mi nombre, allí estoy yo en medio de ellos" (Mateo 18:20). Su presencia no está reservada únicamente a estudios bíblicos o cultos de adoración; Él también participa del compañerismo cristiano. Así que no se sorprenda si, al regresar a su hogar de una fiesta cristiana o un tiempo de compañerismo en su grupo pequeño, experimenta el sentimiento de haber estado en la presencia de Jesús, ¡probablemente sucedió!

Día 24

Recuerde: El compañerismo cristiano nos provee una gran oportunidad de disfrutar la vida con otros cristianos y, al mismo tiempo, sentir la presencia de Dios.

"Al tercer día se celebró una boda en Caná de Galilea, y la madre de Jesús se encontraba allí. También habían sido invitados a la boda Jesús y sus discípulos" (Juan 2:1-2).

Día 25

CON LOS BRAZOS ABIERTOS

"Ama al Señor tu Dios con todo tu corazón, con toda tu alma, con toda tu mente y con todas tus fuerzas. El segundo es: Ama a tu prójimo como a ti mismo. No hay otro mandamiento más importante que éstos"
(Marcos 12:30-31).

En el día 11, mencioné que por 20 años, en las vacaciones de primavera, Susana y yo llevamos grupos de nuestra universidad a países del tercer mundo para construir templos o casas pastorales para gente con necesidad. En cada viaje a esos países, los habitantes del lugar nos demostraron su aprecio ofreciéndonos una comida especial. Algunas veces la comida nos parecía conocida, la mayoría de las veces, no obstante, no era semejante a nada ya conocido o comido antes por nosotros. En esas ocasiones, dábamos la instrucción a los estudiantes (y a nosotros mismos) de no hacer preguntas sobre la comida o la forma de prepararla. ¡Sólo respirábamos hondo y... comíamos!

El factor preponderante para nosotros, que siempre recordamos en esas ocasiones, enfatizaba la regla de la hospitalidad. Es decir, no nos reunimos para consumir manjares exquisitos o para maravillarnos con la belleza del hogar que nos recibiera; más bien, la buena hospitalidad permite que los invitados compartan el amor de Dios en el nombre de Jesús. Fui hospedado y consumí a lo largo de mi vida más comidas, probablemente miles, de las que puedo recordar. Algunos de aquellos hogares se igualaban a los que uno más podría desear en mi ciudad, algunos eran humildes comparados con cualquier otro. No puedo recordar la comida que comimos en estos hogares, aún así, nunca olvidaré el compañerismo que siempre disfrutamos. La camaradería cristiana tiene una cualidad que la hace inolvidable. ¿Por qué? Porque la presencia de Cristo se comunica a los corazones de sus seguidores cuando ellos se reúnen.

En la lectura bíblica para este día, Jesús puso en práctica los dos mandamientos más importantes de la ley del Antiguo Testamento. Hoy enfocamos nuestra atención en el segundo porque contiene una verdad importante en referencia a la hospitalidad.

Indudablemente, debemos practicar el primer mandamiento, amar a Dios, antes de poder practicar el segundo. Somos capaces de amarlo a Él porque Él nos amó primero. El amor de Dios nos motiva a abrir nuestras vidas y hogares en diversas formas de hospitalidad. Damos a otros porque Él nos dio primero. Dios estableció el ejemplo al amarnos. Nosotros seguimos su ejemplo y pasamos a otros la bendición.

La hospitalidad incluye muchos más aspectos que comer juntos, aunque esto sucede con frecuencia. Ser hospitalarios también implica abrir nuestro hogar, por períodos breves o largos, para brindar a alguien un lugar donde estar. También es un aspecto de la hospitalidad llevar a alguien en nuestro automóvil y hasta, tal vez, conseguir un automóvil o prestar el nuestro. Podemos compartir cualquiera de nuestros recursos con otras personas.

La atención se centra no en el acto mismo de hospitalidad, sino en el ambiente de seguridad creado cuando recibimos a un amigo, un extraño o un enemigo en el nombre de Jesús. Ofrecemos este ambiente seguro sin importarnos cómo la gente nos trató en el pasado o cómo pensamos que puedan tratarnos en el futuro. La razón de esto es que actuamos como conductos del amor de Dios y, por lo tanto, podemos ofrecer por gracia lo que recibimos de gracia.

> "No pierdan la oportunidad de hacer cualquier clase de bien. Sientan celo por hacer cosas buenas; estén dispuestos a no omitir ninguna muestra de piedad o misericordia. Hagan al cuerpo y al alma de los hombres todo el bien posible".
>
> Juan Wesley

Nuestro mundo puede ser muy impersonal. La gente se extravía en lo intrincado de las relaciones. Para lograr aceptación, muchas veces se sienten obligados a causar buena impresión en otros o crear una imagen positiva de ellos mismos. Cuando damos a las personas el espacio libre de un ambiente seguro y hospitalario, ellos no sienten la necesidad de causar una buena impresión o compartir obligadamente una imagen positiva. La persona que recibe nuestra hospitalidad cristiana puede reclinarse cómodamente en un sillón, relajarse y bajar sus defensas. ¡Está en casa!

La palabra hospitalidad tiene su raíz en la palabra hospital, que originalmente significaba "amar al extraño". Con el paso del tiempo la palabra llegó a significar "casa para sanar", ¡qué imagen tan hermosa! La hospitalidad cristiana provee un lugar acogedor dónde las personas pueden venir y ser sanadas.

Las casi ilimitadas necesidades humanas crean una enorme variedad de formas por las cuales podemos alcanzar a otros y ofrecer nuestra hospitalidad.

Nuestro propósito central al ofrecer hospitalidad debe ser amar a la gente y no tratar de impresionarla. Queremos que ellos estén cómodos en lugar de crear la obligación de responder en una determinada manera o devolver nuestros esfuerzos. De hecho, los mayores beneficios de la hospitalidad con frecuencia se reciben cuando la ofrecemos a aquellos que no tienen la capacidad de pagarnos. Aún podemos hallar formas de practicar la hospitalidad anónimamente. En estos casos, los beneficiarios de nuestra hospitalidad tal vez nunca conozcan nuestro nombre. Está bien, ya que damos en el nombre de Jesús y para su gloria, no lo hacemos en nuestro nombre o para nuestra gloria.

El ambiente de un grupo pequeño se presta por sí mismo para la práctica de la hospitalidad. Muy a menudo, los tiempos sociales compartidos por nuestra clase de escuela dominical a los que me referí ayer, se transforman en oportunidades para que los miembros de la clase ofrezcan su hospitalidad. En esas ocasiones, procuramos invitar visitantes a nuestra iglesia, amigos y vecinos que no asisten a la iglesia y a quienquiera que pueda disfrutar estas reuniones. Otras veces los miembros de nuestra clase de escuela dominical abren sus hogares a personas que atraviesan tiempos difíciles. Los miembros de la clase se reúnen y juntos ministran a la persona como un todo y proveen ropa, artículos de higiene y cualquier otra cosa que necesiten.

Las casi ilimitadas necesidades humanas crean una enorme variedad de formas por las cuales podemos alcanzar a otros y ofrecer nuestra hospitalidad.

Piense en formas en las que puede utilizar los conceptos aquí compartidos hoy y aplíquelos a su situación particular de vida y junto con su grupo pequeño. ¿Qué tiene para ofrecer a otros? Una casa o un apartamento, un automóvil, dinero, oídos con los cuales escuchar, su tiempo? ¿Quién puede ser el receptor de su hospitalidad? Miembros de su familia, amigos cercanos, vecinos, visitantes a su reuniones de grupo, desconocidos o, aún enemigos? ¿Cuándo puede ofrecer su hospitalidad a otros? ¿Pronto, en algún momento futuro, nunca?

Sólo usted puede responder estas preguntas. Ellas requieren que usted salga de su zona de comodidad y se ofrezca a usted mismo y sus recursos, en el nombre de Jesús. Lograrlo demanda un elemento de confianza y seguridad de su parte. La buena noticia es que no tiene que ser su confianza o su seguridad. Puede dejar todo esto y cualquier otra cosa que necesite de lado, y practicar hospitalidad con la ayuda y recursos provistos por Cristo.

Alcanzar a otros por medio de la hospitalidad nos brinda otra manera para sentir la presencia de Cristo al ministrar en su nombre.

Día 25

Recuerde: Amar a otros como a usted mismo incluye alcanzarlos por medio de la hospitalidad cristiana.

"El segundo es: Ama a tu prójimo como a ti mismo. No hay otro mandamiento más importante que éstos" (Marcos 12:31).

Día 26

LLEVAR LOS UNOS LAS CARGAS DE LOS OTROS

"Al ver llorar a María y a los judíos que la habían acompañado, Jesús se turbó y se conmovió profundamente. —¿Dónde lo han puesto? —preguntó. —Ven a verlo, Señor —le respondieron. Jesús lloró" (Juan 11:33-35).

El día 19 relaté la historia de Kevin y Janell. Hoy, permítame extender ese relato un poco más. Esta historia provee un hermoso ejemplo sobre cómo se sufre unidos a un grupo pequeño. Algunas veces sufrimos solos, en silencio. Es mejor cuando tenemos un amigo o miembro de la familia que nos ayuda con la carga y sufre con nosotros, pero cuando nuestro grupo pequeño sufre junto a nosotros, es aún mejor.

Kevin recibió la noticia del tumor en su cerebro cuando vivía en Nashville. Dado que Janell trabajaba tiempo completo, ella no siempre podía llevarlo a las citas médicas o a las sesiones del tratamiento de radiación que siguieron al diagnóstico. Entonces, miembros de la clase de escuela dominical se ofrecieron por turnos para llevar a Kevin a las citas médicas y a las sesiones de su tratamiento médico. Janell dijo que no podría haber resistido atravesar ese tiempo tan difícil sin la ayuda de los amigos fieles de su grupo pequeño. Ellos sufrieron juntos con esta preciosa pareja y aliviaron su carga en formas prácticas.

Cinco años después, cuando el tumor reapareció en los rayos X realizados en el cerebro de Kevin, ya vivían en nuestra área. Esta vez la intervención médica incluía varias cirugías seguidas de un prolongado tratamiento. Otra vez, los miembros de la clase de escuela dominical fueron quienes asistieron a la pareja en necesidad, con viajes a citas médicas, comidas, trabajo de mantenimiento alrededor de la casa y otras formas de apoyo. Ayer enfatizamos el aspecto espiritual de la práctica de la hospitalidad. Kevin y Janell recibieron los beneficios de la hospitalidad pues los miembros de la clase tomaron y compartieron con ellos la carga del sufrimiento, realizando una importante serie de tareas diarias.

Nuestra lectura bíblica para hoy, nos muestra que Jesús participó de un grupo pequeño y sufrió con María y Marta por la muerte de su hermano Lázaro. Será de beneficio para usted leer toda la historia de Juan 11:1-44 una vez más. Note, de manera especial, cómo Jesús, sus discípulos y amigos de la comunidad llegaron para consolar a las dos hermanas mientras estaban enlutadas por la pérdida de su hermano. Jesús expresó la emoción de todo el grupo al mostrarse conmovido en espíritu y acongojado. El versículo más corto de la Biblia expresa uno de los mensajes más poderosos: "Jesús lloró" (v.35). Sólo dos palabras, pero, ¡qué mensaje! El gran Dios del universo tuvo un interés tan profundo por dos amigas que perdieron a su hermano que se quebrantó y lloró con ellas. ¡Qué hermoso retrato de Dios que comparte nuestro sufrimiento!

No necesitamos volver a hablar de todo lo presentado el día 19 en relación a sufrir junto con un amigo o un socio espiritual con quien rendimos cuentas de nuestra vida cristiana. Resumamos rápido lo que allí señalamos:

- Todos los habitantes de este planeta experimentamos sufrimiento en un momento u otro.
- El sufrimiento puede ser una buena herramienta para formar a un discípulo cristiano.
- El sufrimiento puede ayudar a preparar nuestra alma para la eternidad.
- El sufrimiento nos llega por medio de una variedad ilimitada de causas.
- La carga de sufrimiento puede aliviarse al compartirla con otros discípulos.

Dios nos da amigos para que juntos compartamos los tiempos de sufrimiento.

Este último punto guía nuestra atención a la verdad central para hoy: Dios nos da amigos para compartir juntos los tiempos de sufrimiento. Como miembro de un grupo pequeño de cristianos vi acontecer esto por más de 35 años. El grupo pequeño tuvo generalmente la forma de una clase de escuela dominical. Cada semana, al presentar la lección bíblica, tengo la certeza de que el mensaje de la Biblia trabaja en la vida diaria porque veo cómo lo viven en sus vidas los miembros de la clase. Una parte importante de esta "vida vivida en conjunto" incluyó tiempos de sufrimiento en los que los miembros del grupo compartieron sus cargas entre sí.

La historia de Kevin y Janell contuvo sufrimiento físico.

Otros miembros de la clase experimentaron profundo sufrimiento emocional y relacional cuando, por ejemplo, un compañero escogió ser infiel a su voto matrimonial; un hijo desconoció la autoridad de sus padres; una pareja perdió a una hija en un accidente automovilístico y cómo un padre cayó en demencia por esta causa. Otros miembros de la clase experimentaron pérdidas financieras al perder un trabajo, enfrentar un juicio inesperado o al necesitar asumir la responsabilidad de educar a sus nietos. Otros experimentaron el desafío de cuidar a sus padres ancianos mientras que, al mismo tiempo, se casaban y comenzaban sus propias familias. Se encontraban a sí mismos en lo que en mi cultura denominamos "año sándwich".

Todas las historias caen en categorías únicas, pero todas tienen al sufrimiento como el común denominador. Este sufrimiento en ocasiones lleva a las personas al alcoholismo, al uso indebido de drogas médicas u otras drogas o la depresión. Los creyentes cristianos tienen un sistema de apoyo mucho mejor, ¡se tienen unos a otros! Al sostenerse mutuamente, comparten el sufrimiento en unidad. Como Jesús, experimentan el dolor de sus compañeros creyentes, lloran juntos, comparten las cargas y alivianan el peso del amigo mientras atraviesa aguas profundas.

Los creyentes cristianos tienen un sistema de apoyo mucho mejor, ¡se tienen unos a otros!

Tome un momento para pensar en los miembros de su grupo pequeño y en los varios tipos de sufrimiento que enfrentan. ¿Cómo les ayudó durante sus tiempos de sufrimiento? ¿Cómo le ayudaron a usted? ¿Cómo su grupo podría mejorar en el propósito de apoyarse mutuamente? En otras palabras, ¿cómo podría ponerle pies y manos a esta lectura en la intimidad de su grupo pequeño?

Podría sorprenderse cómo, por medio del apoyo mutuo en tiempos de sufrimiento, es posible experimentar la presencia de Jesús en formas nuevas. Ciertamente, usted no sobrelleva las cargas de otras personas para recibir la bendición de su presencia. Sin embargo, Él viene a usted como un beneficio extra por el apoyo compartido.

Entonces, en su grupo pequeño, lleven los unos las cargas de los otros y observe cómo Jesús se hace evidente para ustedes.

Día 26

Recuerde: Tenemos el privilegio de sufrir unidos como miembros de nuestro grupo pequeño.

"Jesús lloró" (Juan 11:35).

"El cristianismo significa tener comunión por medio de

Jesucristo y en Jesucristo. Ninguna comunidad cristiana es

menos que esto. La comunidad cristiana es exactamente

esto. Ya sea en un breve encuentro momentáneo o la

comunión diaria a través de los años. Nos pertenecemos los

unos a los otros por medio de y en Jesucristo"

Dietrich Bonhoeffer

USTED PUEDE ENCONTRARSE
CON CRISTO
EN LA CONGREGACIÓN

encuentro

Día 27

EL CUERPO DE CRISTO

"Fue a Nazaret, donde se había criado, y un sábado entró en la sinagoga, como era su costumbre. Se levantó para hacer la lectura" (Lucas 4:16).

Como muchos muchachos, tuve el sueño infantil de crecer y llegar a ser un vaquero. ¡Vaya estilo de vida! Vivir solitario y al aire libre. Comer frijoles en latas calentados en una fogata. Beber café en una taza de lata. Andar a caballo todo el día y dormir en el suelo por la noche. Llegar hasta el pueblo una vez al mes para comprar más café y frijoles. ¿Quién podría pedir más? Así que a la edad de seis años, até seis tiros a mi cintura (de juguete, por supuesto), me puse un sombrero en la cabeza y practiqué ser un vaquero. La única diferencia entre la mayoría de niños y yo, era que en aquellos días, nosotros teníamos vacas, caballos y perros ovejeros reales en nuestra granja. Una vez que crecí, una buena dosis de realidad me inundó y me di cuenta que la vida solitaria de un vaquero no es nada de lo que imaginé cuando era un niño. Llegué a la conclusión que necesitaba de otras personas para sentir que mi vida estaba completa. Lo que esta realidad significa en la vida cotidiana, también lo es en la fe cristiana.

Estoy sorprendido por el número de creyentes cristianos que aún en el siglo XXI pretenden vivir una religión de "Jesús y yo" únicamente. Están desilusionados con la religión organizada o, por alguna razón, no se ven a sí mismos como parte de una mucho mayor cristiandad corporativa. Muchos de ellos han dicho, "amo a Jesús pero no quiero tener nada que ver con la iglesia cristiana organizada". Esto es lamentable pues Jesús nunca enseñó una especie de religión solitaria como algunos practican en estos días.

El pasaje escogido para hoy habla mucho sobre las prioridades y prácticas de la vida religiosa de Jesús. El versículo dice simplemente que en un día de adoración semanal Jesús fue a la iglesia "como era su costumbre" (v.16). Jesús asistía a los cultos de adoración más que un par de veces al año o alguna ocasión especial. Su práctica común era asistir a la casa del Señor semanalmente. Él nos da ejemplo y un modelo a seguir.

La costumbre seguida por Jesús de ir a la iglesia semanalmente nos recuerda la rica herencia de la fe hebrea. El Antiguo Testamento registra esa herencia para nosotros. Jesús siguió cuidadosamente las costumbres y prácticas heredadas. Él conocía cada detalle del Antiguo Testamento y siguió esas enseñanzas cuidadosamente, muchas de ellas de memoria. Jesús supo que el Padre hizo en el Antiguo Testamento originalmente una serie de amonestaciones y promesas para la comunidad de fe.

Nosotros que vivimos en la edad del Nuevo Testamento, aplicamos estas promesas a nuestras vidas individuales. Podemos hacer esto en forma apropiada, siempre y cuando recordemos que se aplican a nosotros individualmente pero en el contexto de una comunidad de fe corporativa. Usted ve, la presentación de la salvación según el Nuevo Testamento implica la decisión personal de pedir a Cristo perdón por nuestros pecados personales y la aceptación de Cristo como salvador personal. Sin embargo, una vez que la persona decide seguir a Cristo, nunca debe intentar vivir la vida cristiana en confinamiento solitario. El ejemplo de Jesús señala con claridad la importancia de identificarnos con la comunidad corporativa de fe.

Cada vez que se sienta tentado a abandonar la vida de fe comunal y optar por una religión de "Jesús y yo" solamente, recuerde, Jesús no vivió de esta manera en el cielo ni en la tierra. En la tierra, acostumbraba asistir semanalmente a la adoración corporativa y en el cielo por la eternidad pasada, presente y futura participa en la vida de la Trinidad. ¡Esta vida comunitaria en su máxima expresión!

Esta semana veremos formas de encontrarnos con Cristo en la congregación. Algunas de estas prácticas espirituales de la vida de la comunidad fluirán de ideas que ya tratamos. Otras, serán totalmente nuevas. En ambos casos, Cristo puede interceptar nuestra vida por medio de la comunidad de fe en formas que no sucede en ninguna otra circunstancia. Si nos aislamos de nuestra congregación, limitamos lo que Cristo pretende realizar en nuestra vida. De la misma manera que necesitamos pasar tiempo a solas, tiempo con nuestro socio espiritual y tiempo para crecer espiritualmente con nuestro grupo pequeño, también necesitamos tiempo con toda la congregación.

Al unirnos a la comunidad cristiana, entramos en una dimensión de vida espiritual que nos conecta unos a otros de manera que estimula el crecimiento en Cristo. Este tipo de vida comunitaria crea el espacio para que disfrutemos relaciones que hacen viva la persona de Cristo en la congregación. Esta conexión entre los miembros del Cuerpo y Cristo hace posible que Él se nos revele en formas especiales.

Sin siquiera notarlo, un espíritu de independencia puede operar contra nuestro crecimiento espiritual. Podemos ser tentados a llevar con orgullo un individualismo austero, falso, esto es, pretender que no necesitamos a nadie más durante nuestro peregrinar cristiano. Este orgullo puede ser carnal. Un orgullo así nos hace presumir que yo soy lo suficientemente fuerte como para realizar esta jornada sólo. Esta treta de Satanás asegura nuestra derrota. Ninguno de nosotros posee toda la fortaleza espiritual necesaria para realizar solo el viaje de la vida. Esta es la razón por la que Dios nos dio la comunidad de fe.

Un espíritu de independencia promueve que vivamos en aislamiento, absortos y centrados en nosotros mismos. Cristo quiere reemplazar este espíritu de independencia por una actitud de dependencia entre unos y otros, y de todos con Él. Junto con esto necesitamos una actitud interdependiente que nos ligue para formar una red que nos hace, al estar juntos, más fuertes de lo que ninguno podría serlo por separado.

La Biblia ofrece más referencias sobre esta idea, de las que podemos considerar esta semana. Para iniciar, considere la imagen del cuerpo de Cristo. Pablo trató el tema en detalle en 1 Corintios 12:12-27. Él dijo que fuimos bautizados en un solo espíritu y cuerpo. Luego habló de las varias partes del cuerpo humano y de cómo esas partes trabajan en conjunto. Pies, manos, oídos, ojos y nariz, todos hacen su contribución para el mayor bienestar de todo el cuerpo. Cada parte necesita de las otras. El apóstol concluye su análisis con este importante recordatorio, "Ahora bien, ustedes son el cuerpo de Cristo, y cada uno es miembro de ese cuerpo" (v.27).

encuentro

Entonces, nos necesitamos unos a otros. Exploremos esa idea esta semana y veamos algunas de las muchas formas en que Cristo se nos aparece, al ser parte de una congregación de creyentes.

Día 27

Recuerde: Dios forma a los creyentes cristianos en el cuerpo de Cristo y obra mejor a través de todo el grupo.

"... entró en la sinagoga, como era su costumbre" (Lucas 4:16).

Día 28

SÓLO EN EL GRUPO

"Se levantó para hacer la lectura, y le entregaron el libro del profeta Isaías. Al desenrollarlo, encontró el lugar donde está escrito: El Espíritu del Señor está sobre mí, por cuanto me ha ungido para anunciar buenas nuevas a los pobres. Me ha enviado a proclamar libertad a los cautivos y dar vista a los ciegos a poner en libertad a los oprimidos, a pregonar el año del favor del Señor"
(Lucas 4:16b-19).

Crecí en una pequeña iglesia del estilo de las del Nuevo Testamento. La llamo iglesia del Nuevo Testamento porque tenía un gran parecido a la iglesia primitiva descrita en Hechos 2:42-47. En aquel entonces yo no lo sabía pero los sermones bíblicos, el compañerismo durante la adoración y en las actividades sociales de los creyentes cristianos, el partimiento del pan, ya sea en la Santa Cena o en las comidas compartidas, junto con la vida de oración de la comunidad de fe, ayudó a formarme en el cristiano que llegué a ser de adulto.

El pasaje bíblico para hoy retoma lo que dejamos ayer. Jesús dirigió su primer culto de adoración en la iglesia de su pueblo. Si lee hasta el versículo 30, verá que el evento podría haber continuado de una mejor manera. En ocasiones en que se encuentre despreciado e incomprendido, siempre recuerde que a Jesús lo trataron de la misma manera. Nuestro énfasis en este pasaje no se enfoca en el éxito o fracaso del ministerio de Jesús en su propia iglesia, sino en la variedad de actividades de adoración manifestadas. Los adoradores corporativos en el tiempo de Jesús oraban, leían la Escritura, oían el sermón y participaban en una variedad de prácticas tal cual lo hacemos nosotros en nuestro tiempo.

Hoy, queremos volver a ver cinco prácticas espirituales previamente tratadas, pero esta vez veremos cómo se aplican en el contexto de una congregación. Note cómo la misma actividad hace posible la presencia viviente de Cristo para nosotros, de una manera diferente, cuando nos reunimos juntos con todo el cuerpo de creyentes.

Oración. Esta es la cuarta vez que tratamos el tema de la oración. En lecturas previas la vimos desde la perspectiva de una práctica privada, también con un amigo de confianza y luego como una práctica en un grupo pequeño. Ahora queremos ver cómo la oración opera de una manera diferente al ponerla en práctica junto con toda la congregación. Cada situación ocupa un lugar importante en nuestro crecimiento espiritual.

No puedo decirle por qué, pero cuando oramos juntos con la congregación de creyentes sucede algo especial. Algunas veces cada uno ora en silencio; otras veces todos oramos en voz alta; en otras ocasiones oramos unos por las necesidades de los otros y así oramos por inquietudes comunes. Unir nuestros corazones y mentes como grupo, nos recuerda el lugar que ocupamos en el amplio escenario de la iglesia cristiana. Dios renueva nuestra fortaleza espiritual y coraje en la medida que Él nos incluye en este grupo importante que denomina familia. Entonces, la próxima vez que ore unido al resto de la congregación, recuerde la fortaleza espiritual que logra al unirse con este ejército de santos.

Note como la misma actividad hace posible la presencia viviente de Cristo para nosotros, de una manera diferente, cuando nos reunimos juntos con todo el cuerpo de creyentes.

Lectura bíblica. Una reunión de la congregación no está completa sin la lectura bíblica corporativa. Algo especial acontece cuando oímos la Palabra de Dios juntos. Tal vez es porque la Biblia hace la mayoría de sus promesas a la familia de Dios como un todo. La lectura bíblica cobra una dimensión nueva cuando la escuchamos desde una banca de la iglesia. Algunas veces escuchamos la Palabra como un segmento separado del culto de adoración, otras veces la escuchamos como preludio al sermón. De cualquier manera, el Espíritu de Dios con frecuencia nos habla en formas nuevas al considerar el mensaje bíblico desde la perspectiva de la Palabra para la congregación. Este tipo de lectura nos recuerda que oímos de Dios en forma corporativa. Por lo tanto, la próxima vez que escuche la Palabra con el resto de la congregación, recuerde que las promesas de Dios lo sostendrán porque usted pertenece a su familia.

Reflexión. Escuchar la Biblia, las palabras de una canción cristiana, el testimonio de un santo de Dios o un sermón sentado en compañía de la familia de Dios, puede preparar nuestras mentes para reflexionar en formas totalmente diferente a que si las oyéramos solos o como parte de un grupo pequeño. Quizá nos beneficiamos más al escuchar el sermón en voz alta que de leerlo. Tal vez el beneficio se deriva de oírlo en compañía de amigos cristianos de confianza. Sin importar la razón, el hecho es: Cristo puede encontrarse con usted y disponer su mente para reflexionar sobre nuevos y estimulantes pensamientos mientras se reúne con los santos. Una mujer me dijo que esto le sucedió a ella. Me compartió cómo el desánimo la venció debido a la incapacidad de desarrollar un ministerio por su ceguera física. Al sentarse en un culto de adoración corporativa, el Señor dispuso su mente para pensar en nuevas alternativas de ministerio para una mujer limitada por la ceguera.

La próxima vez que adore junto con la familia de Dios no se sorprenda si Cristo llena su mente con pensamientos completamente nuevos.

Rendir cuentas. Algunas veces nos sentimos con la disposición de abrir el corazón y rendir cuentas de nuestra vida espiritual con todos: miembros de la familia, jefes, maestros en la escuela o vecinos. Otras veces deseamos que nos trague la tierra y que nadie lo sepa. Usted sabe, tan bien como yo, que esto, raramente sucede. No recuerdo haber ido a un restaurante en mi ciudad en los últimos 20 años y no ser reconocido por amigos.

Algo semejante sucede cuando vamos a la iglesia. La gente nos reconoce, nota nuestra presencia. A través del tiempo esto crea un patrón de responsabilidad para con ellos. La gente nota también nuestra ausencia. La esperanza es que ellos tengan suficiente interés en nosotros como para contactarnos y descubrir qué impide nuestra asistencia. Tal vez este tipo de responsabilidad no sea tan íntima como con nuestro amigo de confianza, según tratamos el día 13. No obstante, la congregación también nos demanda cierto grado de responsabilidad. Tenemos un rol único que desempeñar en el cuerpo de Cristo. Nadie puede reemplazarnos. Nuestra ausencia priva al cuerpo de una parte importante.

Entonces, la próxima vez que sienta deseos de que lo trague la tierra, recuerde la importancia de su responsabilidad para con el cuerpo de Cristo.

Compañerismo. Hechos 2:42 se refiere al compañerismo cristiano como una función importante de la iglesia primitiva. Ellos disfrutaban la camaradería espiritual de la cena del Señor y el compañerismo al compartir una comida. Hechos 2:46 parece indicar que la iglesia, en su comienzo, comía regularmente en forma conjunta. Los grupos pequeños de compañerismo juegan un rol muy importante en el crecimiento espiritual, de la misma manera sucede con el compañerismo de la congregación en pleno. Todos los beneficios espirituales de la fraternidad cristiana tratados el día 24 también se aplican a la congregación en pleno. Hoy añadimos la dimensión de participar en la vida del Cuerpo como un organismo vivo. Sí, más que una organización social, la iglesia es un organismo viviente.

De manera que, la próxima vez que asista a un evento social para toda la iglesia, aléjese por un instante y observe al cuerpo de Cristo en acción. ¡Cristo tiene una forma exclusiva de manifestarse cuando la congregación se reúne en pleno!

Comencé esta lectura refiriéndome a la iglesia de mi infancia como una iglesia del Nuevo Testamento. Al mirar Hechos 2:46-47 una vez más, veo el efecto de su actividad conjunta. La Biblia dice:

- El grupo experimentó alegría y sinceridad de corazón.
- Alcanzaron su punto culminante al alabar a Dios.
- Las personas de afuera de la iglesia los miraban con simpatía.
- Regularmente nuevas personas aceptaban a Cristo y se unían a la comunión del grupo.

¿No es un mal ejemplo para nosotros hoy, verdad?

Día 28

Recuerde: Cristo se encuentra con nosotros en formas singulares al reunirnos como cuerpo de Cristo.

"El Espíritu del Señor está sobre mí, por cuanto me ha ungido para anunciar buenas nuevas a los pobres. Me ha enviado a proclamar libertad a los cautivos y dar vista a los ciegos a poner en libertad a los oprimidos, a pregonar el año del favor del Señor" (Lucas 4:18-19).

Día 29

¡TIEMPO DE CELEBRAR!

"Se lo llevaron, pues, a Jesús. Luego pusieron sus mantos encima del burrito y ayudaron a Jesús a montarse. A medida que avanzaba, la gente tendía sus mantos sobre el camino. Al acercarse él a la bajada del monte de los Olivos, todos los discípulos se entusiasmaron y comenzaron a alabar a Dios por tantos milagros que habían visto. Gritaban: ¡Bendito el Rey que viene en el nombre del Señor! ¡Paz en el cielo y gloria en las alturas!" (Lucas 19:35-38).

La naturaleza nos ofrece algunas de las vistas más bellas de la vida. Un amanecer resplandeciente sobre las montañas, una puesta de sol brillante en el lado opuesto de un lago. No son el cielo, pero tienen mucho de su belleza. Sin embargo, toda la belleza de la naturaleza empalidece en comparación a la belleza del pueblo de Dios congregado en su nombre y alabándolo en un solo corazón y a una voz. ¡No será el cielo, pero se acerca poderosamente!

El pasaje escogido como base para nuestra lectura de hoy nos hace parte de la entrada triunfal de Jesús a Jerusalén para la semana de la Pasión. El aire está cargado con ansiedad por la anticipación de la obra de Dios en medio de su pueblo. Él está por hacer algo y el pueblo lo percibe. Los hombres arrojan sus capotes en la senda por la que arriba el Mesías. Las mujeres y los niños agitan ramas de palmera delante de Él en señal de alabanza. Adorar a Dios con canciones de alabanza llega a las partes más elevadas del cielo. Cuando los fariseos urgieron a Jesús para que tomara control de la situación, Él les respondió, "Les aseguro que si ellos se callan, gritarán las piedras" (v.40). ¡Qué maravilloso tiempo de celebración!

Celebración debe ser lo que caracteriza nuestro tiempo de adoración corporativa como cuerpo de Cristo. Experimentamos placer de parte de Dios al glorificarlo y alabarlo por quien Él es y por lo que significa para nosotros. La adoración nos ofrece una oportunidad de agradecerle por su maravilloso plan de salvación, junto con las muchas bendiciones que recibimos cada día. Además, nos brinda el privilegio de escoger mirar hacia arriba, por encima de las circunstancias de la vida, al Dios a quien adoramos más que cualquier otra cosa en el mundo. Nos recuerda que debemos poner toda nuestra esperanza en Él. Adorar nos concede tiempo para deleitarnos en la salvación de Dios. Mire hacia atrás al relato de la entrada triunfal de Jesús.

Ahora, observe el último párrafo de esta lectura. Ponga atención especial a palabras como celebrar, sentir placer, glorificar, alabar, dar acciones de gracias, mirar hacia arriba, esperanza y deleite. Note que todo de lo que hablamos hoy se refiere a nuestros dones para Dios, no los beneficios que recibimos de vuelta. Me suena extraño siempre que escucho a la gente decir, "Dejo de asistir a la iglesia porque no recibo nada en ella".

¡Esto no tiene ningún sentido! La adoración no es para usted. No es para recibir, se trata de dar. La adoración consiste en atribuir a Dios toda nuestra atención, alabanza, y así, glorificarlo. La adoración consiste en atribuir a Dios toda nuestra atención, alabanza, y así, glorificarlo.

¿Recuerda la lista de elementos esenciales para la adoración que establecimos el día 23? Por favor, repase esa lista una vez más.

- Valorar a Dios más que a cualquier otra cosa en la vida.
- Buscar primero el reino de Dios.
- Poner primero a Dios en todos los aspectos de la vida diaria.
- Obedecer a Dios.
- Deleitarse en Dios.
- Adorar y alabar a Dios.
- Reflexionar sobre el misterio y lo maravilloso que es Dios.
- Reposar en silencio en la presencia de Dios.
- Enfocar nuestra atención en Dios.
- Amar a Dios.
- Buscar formas de conocer mejor a Dios.
- Glorificar a Dios con nuestras vidas.Reflexionar sobre el misterio y lo maravilloso que es Dios.

El día 23 aplicamos esta lista a la adoración ofrecida en un grupo pequeño, ahora mire la lista en relación a su adoración como parte del cuerpo de Cristo como un todo. Nuestra participación en la adoración corporativa hace viva nuestra fe como en ningún otro momento.

Los creyentes en la congregación entera adoran a Dios en varias formas, esto añade profundidad y anchura a nuestra comprensión de las muchas formas en que la gente ofrece su alabanza a Dios. Oímos testimonios de cómo Dios obra en medio de su pueblo, no sólo en un grupo pequeño. Estos grupos tienden a conformarse con base en edades similares o intereses afines. La congregación reunida en pleno posee una envergadura mayor, nos brinda una idea mucho más adecuada de lo que es la familia de Dios. Los testimonios de todo el pueblo de Dios nos dan una perspectiva más amplia de las provisiones y bondades de Dios.

Escuchamos una gran variedad de voces cuando el cuerpo de Cristo canta canciones de adoración y alabanza a Dios. Allí oímos solos, dúos y pequeños conjuntos, pero nada reemplaza el sonido completo de todas las voces al cantar canciones de adoración con toda la energía posible, en la casa de Dios. Luego, al sentarse la congregación en silencio, el ministro comparte el mensaje de Dios para esa ocasión. Este evento ordenado por Dios está repleto de autoridad divina y el Espíritu Santo aplica la Palabra de Dios hablada a los corazones que la escuchan.

Los feligreses de iglesias de todas partes han participado en animados debates sobre los mejores elementos y estilos de adoración para lograr los mayores efectos espirituales. Existen hoy, una variedad casi infinita de elementos y estilos para experimentar en la adoración. Es como condimentar una comida, todos tenemos nuestras preferencias. No me gusta la salsa picante en mi comida, pero mi padre baña con litros de ella todo lo que come. Todo se trata de preferencias personales. Ningún instrumento, ritmo o estilo musical tiene más autoridad divina que otro. Debemos asegurarnos que nuestras discusiones sobre adoración corporativa unan, antes que dividan, nuestras congregaciones.

Cuando llegue el tiempo para unirse en celebración corporativa, mantenga estos elementos de adoración en mente. Luego, ¡alabe a Dios con todo su corazón! Al ofrecer lo mejor que usted tiene, junto con la comunidad de fe, será capaz de encontrarse con Cristo en una forma nueva.

Día 29
Recuerde: La adoración no es para usted. No es para recibir; se trata de dar.

"—¡Bendito el Rey que viene en el nombre del Señor! —¡Paz en el cielo y gloria en las alturas!" (Lucas 19:38).

Día 30

SIGNOS EXTERNOS

"Mientras comían, Jesús tomó pan y lo bendijo. Luego lo partió y se lo dio a ellos, diciéndoles: —Tomen; esto es mi cuerpo. Después tomó una copa, dio gracias y se la dio a ellos, y todos bebieron de ella. —Esto es mi sangre del pacto, que es derramada por muchos —les dijo—" (Marcos 14:22-24).

Susana y yo tenemos muchos recuerdos imborrables de nuestro hijo Brent creciendo en casa. Uno de esos momentos ocurrió durante los años en el jardín de infantes. Cada vez que participábamos de la cena del Señor en la iglesia, yo susurraba a cada paso las palabras del ritual mientras participábamos juntos. Luego, le servía a él los elementos. Con el tiempo este sacramento llegó a transformarse en su evento corporativo favorito. Cada vez que entrábamos al santuario y veía la mesa de la comunión preparada, decía, "¡Que bueno. Hoy tenemos una comida especial!" Una prioridad invalorable para un pequeño. ¡Qué apreciable recuerdo¡

Las palabras son insuficientes para comunicar el profundo significado de los dos medios de gracia que llamamos sacramentos, el bautismo y la cena del Señor. Ellos nos ofrecen dos signos externos de la obra interna que la gracia de Dios realiza en nuestras vidas. Estos dos símbolos expresan mejor lo que sucede en nuestro corazón y vida espiritual que lo que las palabras pueden expresar. Jesús realzó la importancia de ambas ceremonias durante su ministerio terrenal.

> ***Las palabras son insuficientes para comunicar el profundo significado de los dos medios de gracia que llamamos sacramentos.***

El bautismo permanece como un símbolo central de la fe cristiana. Simboliza un número importante de verdades espirituales. Aquí tenemos algunas de ellas:

- El bautismo significa el nuevo nacimiento. Testifica de un cambio espiritual radical sucedido en nosotros.

- El bautismo simboliza el lavado de nuestros pecados realizado por Dios, de la misma manera que un baño lava la suciedad de nuestros cuerpos.
- El bautismo simboliza la venida del Espíritu Santo a nuestras vidas. Con la mancha del pecado lavada, nuestros corazones se transforman en un lugar limpio para que el Espíritu viva. Pablo dijo en 1 Corintios 3:16 que somos templo de Dios y que su Espíritu mora en nosotros.
- El bautismo simboliza que Dios permanecerá fiel a su promesa de salvarnos. Él nos salva de nuestra vida de pecado ahora y al morir nos llevará al cielo.
- El bautismo simboliza la entrada en un contrato con Dios por el que nos comprometemos a ser fieles a la fe cristiana. Reemplaza al símbolo de la circuncisión del Antiguo Testamento.
- El bautismo simboliza que nuestra transacción espiritual con Dios está completa. Desde ambas perspectivas, la de Dios y la nuestra, algo sucedió. Es un evento acontecido en un tiempo determinado, no un proceso a lo largo de toda la vida; de la misma manera que en el bautismo estábamos secos en un momento y mojados al siguiente. Claro, creceremos en la gracia de Dios, pero ya atravesamos el umbral de la puerta y entramos al cuarto de la salvación.
- El bautismo simboliza una tumba de agua en la que somos enterrados con Cristo. Al salir del agua, somos resucitados a una nueva vida en Él. Pablo da una explicación más extensa de esta idea en Romanos 6:1-11. Como dijo en Romanos 6:4, "Por tanto, mediante el bautismo fuimos sepultados con él en su muerte, a fin de que, así como Cristo resucitó por el poder del Padre, también nosotros llevemos una vida nueva".

Nosotros observamos algunos de los rituales una sola vez durante la vida como, por ejemplo, el bautismo. Pero, otros rituales, como la cena del Señor, los observamos más seguido. También llamamos a este ritual comunión o eucaristía. Comunión significa "compañerismo" o "participación". Cuanto participamos de la comunión experimentamos un compañerismo especial con Dios. Eucaristía significa "dar gracias". Para nosotros, significa expresar gratitud por nuestra salvación. La frase "cena del Señor" nos recuerda la noche en que Jesús fue traicionado.

La cena del Señor simboliza varias verdades espirituales. Aquí hallamos algunas de ellas:

- El pan representa el cuerpo de Cristo, el jugo su sangre. Su cuerpo fue roto y su sangre derramada por nuestra salvación. La sangre simboliza vida, entonces derramar la sangre representa que nos dio vida. En consecuencia, la cena del Señor conmemora la muerte de Cristo (1 Corintios 11:26).

- La muerte de Cristo completó el sistema sacrificial del Antiguo Testamento. Él se transformó en nuestro cordero de pascua, sacrificado por nuestros pecados (1 Corintios 5:7). Hebreos 9:11-28 nos da una explicación completa del tema, especialmente el versículo 14 nos presenta esta imagen: "... ¡cuánto más la sangre de Cristo, quien por medio del Espíritu eterno se ofreció sin mancha a Dios, purificará nuestra conciencia de las obras que conducen a la muerte, a fin de que sirvamos al Dios viviente!". El sacrificio de Cristo sobrepasa por mucho los requisitos del sistema sacrificial del Antiguo Testamento, porque nos da una conciencia clara y limpia delante de Dios. Cada vez que participamos de esta comida, la limpieza de nuestra conciencia se reafirma.

- La cena del Señor nos recuerda la promesa de Dios, que un día estaremos todos juntos celebrando la "cena de las bodas del cordero", con Cristo como invitado de honor. Esto sucederá a la culminación del tiempo presente. Durante la última comida que Jesús compartió con sus discípulos, Jesús prometió: "Les digo que no beberé de este fruto de la vid desde ahora en adelante, hasta el día en que beba con ustedes el vino nuevo en el reino de mi Padre." (Mateo 26:29). Juan tuvo la visión, revelada por Dios, de una comida que todos compartiremos unidos (Apocalipsis 19:9). Será una fiesta maravillosa, no por el menú sino por la presencia de Jesús.

- Participamos en este rito como un testimonio de nuestra fe en Cristo y un tiempo de renovación espiritual. Comer y beber nos recuerda que nuestros espíritus reciben fortaleza espiritual de Dios, de la misma forma que nuestros cuerpos reciben fortaleza física al alimentarnos. Por esta razón algunos cristianos toman la comunión cada día o cada semana, aunque la mayoría la recibe con menos frecuencia. Los elementos físicos no contienen la gracia literalmente, nos recuerdan la gracia que Dios da.

- Cristo está presente en este ritual de una manera especial. Nosotros no creemos, como algunos enseñan, que el pan y el jugo se transforman literalmente en el cuerpo y la sangre de Cristo. Aún así, creemos que este ritual le da a Dios una oportunidad especial de hablar a nuestros espíritus y trabajar en nuestros corazones en formas únicas. Dios habla por medio de la comunión, de manera similar a como lo hace por medio de un sermón, la oración o la lectura de la Biblia.

Ambos sacramentos nos nutren espiritualmente para nuestro peregrinaje de fe.

Ambos sacramentos nos nutren espiritualmente para nuestro peregrinaje de fe. Igualmente, ambos profundizan nuestro amor por Jesús. Nos hacen más conscientes de la continua necesidad de su presencia en nuestras vidas. Ambos sacramentos nos ayudan a apreciar más profundamente su sacrificio en la cruz para hacer posible nuestra salvación. Nos unen más completamente con la comunidad de fe al celebrar juntos a Dios.

Entonces, la próxima vez que participe de un bautismo o de la cena del Señor, espere que Cristo se le revele personalmente de manera amorosa.

Día 30

Recuerde: Cristo nos dio dos ceremonias corporativas para que nos acerquemos más entre nosotros y a Él.

"Mientras comían, Jesús tomó pan y lo bendijo. Luego lo partió y se lo dio a ellos, diciéndoles: Tomen; esto es mi cuerpo. Después tomó una copa, dio gracias y se la dio a ellos, y todos bebieron de ella. Esto es mi sangre del pacto, que es derramada por muchos —les dijo—. Les aseguro que no volveré a beber del fruto de la vid hasta aquel día en que beba el vino nuevo en el reino de Dios" (Marcos 14:22-24).

Día 31

SIÉNTESE Y DESCANSE

"Si ustedes supieran lo que significa: "Lo que pido de ustedes es misericordia y no sacrificios", no condenarían a los que no son culpables. Sepan que el Hijo del hombre es Señor del sábado" (Mateo 12:7-8).

Crecí durante lo que podríamos llamar en nuestra cultura, un tiempo lento. Durante los días domingos, la gente hacía poco más que ir a la iglesia o dormir, pasar tiempo con la familia y disfrutar el día con amigos y seres queridos. En nuestro condado había muy escasa actividad comercial o laboral. Solían permanecer abiertos el hospital, alguna estación de servicio y los restaurantes. En nuestro tiempo, la sociedad ofrecía poca atención el día de descanso.

¡Cuesta creer cómo cambiaron los tiempos! Con la excepción de Navidad, en los centros comerciales casi no se distingue el día domingo de cualquier otro día laboral. Las ligas deportivas infantiles practican toda clase de deportes y juegos, y hacen que los padres lleven a los niños y asistan a esos eventos deportivos. Los grandes deportes nacionales inundan la programación de la televisión abierta o por cable. El teléfono suena constantemente y demanda que hagamos más cosas de lo que permite una agenda regular.

La Escritura escogida para este día nos presenta a Jesús hablando con los fariseos sobre el cumplimiento del día de reposo. Ellos, tenían serías observaciones sobre las actividades en que Jesús y sus discípulos se involucraron el sábado. Por supuesto, Jesús conocía las Escrituras de memoria. Conocía, por ejemplo, Éxodo 20:8-10a muy bien, "Acuérdate del sábado, para consagrarlo. Trabaja seis días, y haz en ellos todo lo que tengas que hacer, pero el día séptimo será un día de reposo para honrar al Señor tu Dios". Jesús recordó a los fariseos el propósito original de Dios para estas regulaciones con respecto al sábado pero, además, otras regulaciones divinas, como: "Lo que pido de ustedes es misericordia y no sacrificios" (Mateo 12:7), en referencia a las muchas veces que en el Antiguo Testamento Dios indicaba al pueblo su deseo de que vivieran por el espíritu de la Ley de Moisés y no por la letra. Dios se irrita con el legalismo tanto como nosotros.

Al ser este el caso, ¿qué define mejor el espíritu de la intención original de Dios? Dios separó un día de los siete para que descansemos de nuestras agendas recargadas y lo dediquemos para adorarlo. Dios, claro está, nos dio trabajo para que ocupemos nuestro tiempo. Trabajar nos brinda sentido de realización y logro. Dios, además, nos dio tiempo en el cual no debemos trabajar ni pensar sobre trabajo, un tiempo sin estrés; para vivirlo sin urgencia y sin prisa, no en función de una lista de cosas por realizar. La mente y el cuerpo, ambos, anhelan tiempos de descanso de la carga de trabajo y responsabilidad. Incluso a los animales del campo, al final del día se les quita el yugo o todo peso de arrastre, cuánto más debemos hacerlo al terminar la semana laboral.

> *Dios separó un día de los siete para que descansemos de nuestras agendas recargadas y lo dediquemos para adorarlo.*

Cuando Dios estableció el día de reposo tuvo en consideración nuestro mayor bienestar. Esto es lo que Jesús argumentaba al decir, "El sábado se hizo para el hombre, y no el hombre para el sábado ..." (Marco 2:27). Él conoce nuestras mentes, cuerpos y los ciclos de trabajo y reposo que necesitan.

- El día de reposo nos recuerda que debemos soltar cosas.
- Nos recuerda de nuestra humanidad.
- Nos recuerda que debemos dejar la responsabilidad de nuestro trabajo con Dios por un tiempo determinado y que Él vigile sobre ello mientras nosotros descansamos.
- Nos recuerda nuestras limitaciones.
- Nos recuerda la importancia de ser en lugar de hacer.
- Nos recuerda que debemos pasar tiempo significativo con los miembros de nuestra familia.
- Nos recuerda que debemos cuidar nuestra salud mental y física.
- Nos recuerda de lo vital de nuestra membresía en la familia de Dios.
- Nos recuerda el valor superior de nuestra naturaleza espiritual.
- Nos recuerda que nuestra verdadera ciudadanía está en los cielos.

Como mencionamos varias veces en este libro, Dios quiere encontrarse con nosotros en diferentes maneras a lo largo de cada día. Tristemente, con tanta frecuencia nos preocupamos con agendas recargadas que cuando Cristo se cruza en nuestro camino somos incapaces de reconocerlo. El día de reposo detiene las carreras y huidas causadas por nuestra agenda y crea tiempo y espacio para que Cristo se haga evidente en formas aún más atrayentes. ¿Qué mejor uso podríamos darle a este tiempo que pasarlo con Cristo?

No debemos esperar hasta que todo el trabajo se realice, hasta que nuestra lista de actividades se complete o hasta realizar todos nuestros proyectos domésticos. ¡Esto nunca sucederá! Las actividades, como las hierbas malas de nuestro jardín, llenan nuestro calendario más rápido de lo que podemos cumplir con ellas. Dios estableció el día de reposo para nosotros, por eso, a la vuelta de cada semana, deténgase y haga una pausa importante y beneficiosa.

> *Tristemente, con tanta frecuencia nos preocupamos con agendas recargadas que cuando Cristo se cruza en nuestro camino somos incapaces de reconocerlo.*

Los miembros de la familia de Dios necesitan los recordatorios de descanso del día de reposo tanto, si no más, que los no creyentes.

Sin duda, nuestra intención es buena, pero planificamos tantas actividades religiosas para los días de reposo que llegan a ser cualquier cosa, excepto un tiempo de descanso y de adoración a Dios. La agenda del cristiano, muchas veces se ve más cargada los días de reposo que cualquier otro día de la semana. ¡Esto no es bueno! Si esto describe su situación, trate el tema en su grupo pequeño, con su pastor u otro líder espiritual y vea cómo limitar las actividades y responsabilidades en los días de reposo. Guarde este tiempo cuidadosamente. Reclame el día de reposo como un regalo especial de Dios para su bienestar físico, mental, emocional y espiritual. Una vez reclamado, disfrute este beneficio especial de Dios para usted como un santuario para su alma. Haga un esfuerzo especial el próximo día de reposo y vea como, mientras usted guarda este día especial de descanso, Cristo se cruza en su camino.

encuentro

Día 31
Recuerde: Dios tuvo en mente nuestro mejor interés al darnos un día para descansar de nuestras labores, adorarlo y disfrutar tiempo con nuestra familia y amigos.

"Sepan que el Hijo del hombre es Señor del sábado" (Mateo 12:8).

Día 32

RUTAS, JUEGOS Y VIDA

"—Yo soy el camino, la verdad y la vida —le contestó Jesús—. Nadie llega al Padre sino por mí" (Juan 14:6).

Rutas, pistas de aeropuertos, vías de ferrocarril, deportes, juegos de naipes, juegos de mesa, juegos de niños. ¿Qué tienen todos estos elementos en común? Reglas. ¿Qué pasa si ignoramos las reglas por las que se rigen cada uno de ellos? Aviones, trenes y automóviles se accidentarían y causarían daños enormes. Los juegos de naipes, mesa y niños terminarían de inmediato. Los eventos deportivos se detendrían.

Lo mismo sucede con la vida. Necesitamos reglas para vivir nuestras vidas, de manera que estén organizadas y sean consistentes. Nuestras vidas cristianas, como parte de la comunidad de fe, también requieren reglas de común acuerdo para vivir juntos. A menudo nos referimos a esas reglas cristianas como "conciencia corporativa".

Por conciencia corporativa nos referimos al consejo que nos llega por medio de lecciones aprendidas y que recibimos de aquellos que nos antecedieron en la jornada de la vida. Algunas personas tomaron malas decisiones y, desde esa situación, nos advierten, "no vengan por este camino; es una calle sin salida".

Otros tomaron buenas decisiones y ofrecen su ejemplo como un buen camino para seguir. Estas buenas y malas decisiones, tomadas por muchas personas, crearon a lo largo del tiempo una gran fuente de consejo. Nosotros recibimos este capital de experiencias y lo llamamos conciencia corporativa, pero en tiempos recientes este concepto es desestimado. Muchos, ya no prestan atención a las experiencias de los viajeros que nos antecedieron.

Esto sucede en parte por la rebelión social de los llamados años '60 y, en parte, porque nosotros mismos clamamos por autonomía personal. Muchos quieren experimentar sus propios caminos. Sin mucho esfuerzo, este espíritu tan prevaleciente en nuestra época puede crear problemas espirituales para los creyentes. Podemos rechazar el convencionalismo social hasta el punto de rechazar la voluntad de Dios para nuestras vidas. La conciencia corporativa tiene en mente nuestro mayor beneficio, nos da dirección en muchas áreas de la vida. Cuando escuchamos la voz de esta conciencia, nos ayudamos a nosotros mismos y evitamos mucho sufrimiento.

En la lectura bíblica seleccionada para hoy Jesús nos recuerda que en Él hallamos nuestro camino en la vida. No tenemos suficiente experiencia ni inteligencia para vivir esta vida únicamente con nuestros recursos. Por esta razón miramos a Jesús, su Palabra y la dirección que Él les proveyó a los que nos antecedieron. Necesitamos el consejo sabio de otros creyentes, tanto del pasado como del presente, para que guíen nuestros pasos en el camino de la vida. Los miembros del cuerpo de Cristo nos ofrecen un consejo adecuado como reglas espirituales para la vida. El siguiente es un breve resumen de algunas reglas de mi comunidad de fe particular.

Los miembros del cuerpo de Cristo nos ofrecen un consejo adecuado como reglas espirituales para la vida.

1. Haciendo lo que se nos ordena en la Palabra de Dios, la cual es nuestra regla de fe y práctica, incluyendo:

    a. Amar a Dios con todo el corazón, alma, mente y fuerza, y al prójimo como a sí mismo (Éxodo 20:3-6; Levítico 19:17-18; Deuteronomio 5:7-10; 6:4-5; Marcos 12:28-31; Romanos 13:8-10).

    b. Llamar la atención de los inconversos a las demandas del evangelio, invitarlos a la casa del Señor y procurar que reciban salvación (Mateo 28:19-20; Hechos 1:8; Romanos 1:14-16; 2 Corintios 5:18-20).

    c. Ser corteses con todas las personas (Efesios 4:32; Tito 3:2; 1 Pedro 2:17; 1 Juan 3:18).

    d. Ser de ayuda a los que son también de la fe, soportándose los unos a los otros en amor (Romanos 12:13; Gálatas 6:2, 10; Colosenses 3:12-14).

    e. Tratar de hacer bien a los cuerpos y las almas de los hombres; dar de comer al hambriento, vestir al desnudo, visitar a los enfermos y presos, y ministrar a los necesitados, según la oportunidad y la capacidad que les sean dadas (Mateo 25:35-36; 2 Corintios 9:8-10; Gálatas 2:10; Santiago 2:15-16; 1 Juan 3:17-18).

f. Contribuir al sostenimiento del ministerio, la iglesia y su obra con diezmos y ofrendas (Malaquías 3:10; Lucas 6:38; 1 Corintios 9:14; 16:2; 2 Corintios 9:6-10; Filipenses 4:15-19).

g. Asistir fielmente a todas las ordenanzas de Dios y los medios de gracia, incluyendo el culto público a Dios (Hebreos 10:25), la ministración de la Palabra (Hechos 2:42), el sacramento de la Santa Cena (1 Corintios 11:23-30), el escudriñar y meditar en las Escrituras (Hechos 17:11; 2 Timoteo 2:15; 3:14-16), las devociones familiares y privadas (Deuteronomio 6:6-7; Mateo 6:6).

> "(Un creyente) no obedece por motivo de un miedo servil, sino por un principio noble; este es, la gracia de Dios que gobierna en su corazón y hace que todas sus obras sean motivadas por amor"
>
> Juan Wesley

2. Evitando toda clase de mal, incluyendo:
   a. Tomar el nombre de Dios en vano (Éxodo 20:7; Levítico 19:12; Santiago 5:12).
   b. Profanar el Día del Señor al participar en actividades seculares innecesarias, dedicándose, por lo tanto, a prácticas que nieguen su santidad (Éxodo 20:8-11; Isaías 58:13-14; Marcos 2:27-28; Hechos 20:7; Apocalipsis 1:10).
   c. Inmoralidad sexual, como relaciones premaritales o extramaritales, perversión en cualquier forma, o licencia excesiva y conducta impropia (Éxodo 20:14; Mateo 5:27-32; 1 Corintios 6:9-11; Gálatas 5:19; 1 Tesalonicenses 4:3-7).
   d. Hábitos o prácticas que se sabe son nocivos al bienestar físico y mental. Los cristianos deben considerarse templos del Espíritu Santo (Proverbios 20:1; 23:1-3; 1 Corintios 6:17-20; 2 Corintios 7:1; Efesios 5:18).

e. Reñir, devolver mal por mal, chismear, calumniar, diseminar conjeturas injuriosas al buen nombre de otros (2 Corintios 12:20; Gálatas 5:15; Efesios 4:30-32; Santiago 3:5-18; 1 Pedro 3:9-10).

f. Defraudar, tomar ventaja al comprar y vender, dar falso testimonio, y semejantes obras de las tinieblas (Levítico 19:10-11; Romanos 12:17; 1 Corintios 6:7-10).

g. Dejarse dominar por el orgullo en el vestir o en la conducta. Nuestra feligresía debe vestirse con la sencillez y modestia cristianas que convienen a la santidad (Proverbios 29:23; 1 Timoteo 2:8-10; Santiago 4:6; 1 Pedro 3:3-4; 1 Juan 2:15-17).

h. Música, literatura y diversiones que deshonran a Dios (1 Corintios 10:31; 2 Corintios 6:14-17; Santiago 4:4).

3. Permaneciendo en comunión sincera con la iglesia, no hablando mal de ella, sino totalmente comprometidos con sus doctrinas y costumbres, y participando activamente en su testimonio y expansión continuos (Efesios 2:18-22; 4:1-3, 11-16; Filipenses 2:1-8; 1 Pedro 2:9-10) (Manual de la Iglesia del Nazareno, 2005-2009, Párrafo 27).

Con frecuencia escucho a personas que se quejan por lo irritante de las reglas de conducta. Cuando miro la lista de "reglas" mencionada, me cuesta encontrar algo con lo que estoy en desacuerdo. Más bien, encuentro que me ayudan a vivir mejor la vida cristiana. Esta lista sólo sugiere algunas reglas para la vida. Añada su propia visión de la vida cristiana leyendo la Biblia, escuchando al Espíritu Santo y hablando con otros creyentes.

¡Al guiar su vida con la conciencia corporativa del grupo con el cual tiene compañerismo cristiano, no se sorprenda si ve a Cristo honrar sus esfuerzos por agradarlo!

Día 32

Recuerde: Las reglas nos ayudan en la carretera, con los juegos y, desde luego, también en la vida cristiana.

"—Yo soy el camino, la verdad y la vida —le contestó Jesús—. Nadie llega al Padre sino por mí" (Juan 14:6).

Día 33

JUNTOS ES MEJOR

"Cuando vio a las multitudes, subió a la ladera de una montaña y se sentó. Sus discípulos se le acercaron, y tomando él la palabra, comenzó a enseñarles diciendo:" (Mateo 5:1-2).

Noche tras noche, recientemente, mirábamos en televisión la devastación causada en nuestra tierra por dos huracanes que arremetieron contra la denominada Costa del Golfo en los Estados Unidos. Murieron personas, las familias quedaron separadas, los hogares fueron destruidos y el panorama cambió para siempre. Harán falta muchos años para que se logre una completa restauración física de la zona y muchas vidas, nunca se restauraran totalmente.

Durante las primeras semanas de la crisis, sentí una profunda emoción en mi corazón al ver cómo los equipos de televisión mostraban congregaciones cristianas y denominaciones enteras adelantándose para asistir a los individuos en necesidad. Los cristianos respondieron de inmediato, aún antes que el gobierno evaluara la situación apropiadamente. Llevaron agua, alimentos, medicinas, artículos de higiene, ropa y camas de diferentes clases. Muchos ofrecieron cuartos que no utilizaban y sótanos totalmente equipados en sus casas, para reubicar a las personas. ¡Qué gran escena del cuerpo de Cristo sirviendo en el mundo!

Esta semana, nosotros estuvimos explorando prácticas espirituales en las que participamos junto con el resto de la congregación. Algunas de estas pueden ser realizadas por nosotros mismos, en forma individual o como parte de nuestro grupo pequeño. Sin embargo, estas prácticas asumen una dimensión diferente cuando las realizamos como parte de la congregación entera. Hoy queremos considerar una práctica más, que asume una cualidad completamente diferente, cuando la llevamos a cabo como parte de un grupo mayor.

En nuestra lección bíblica para hoy, Jesús se sentó junto con miles de seguidores (el grupo entero) para darles instrucción y guía espiritual. Los versículos que leímos son la introducción al Sermón del Monte. El sermón incluye los capítulos 5 al 7 del Evangelio de Mateo. En este sermón, para todas las épocas, Jesús trata muchos temas. Continuamente nos exhorta a vivir de manera bondadosa y amable para con las demás personas. En diferentes formas, se refiere a una práctica tratada por nosotros la semana pasada: hospitalidad. Mirémosla hoy una vez más, pero esta vez, desde la perspectiva de un grupo grande que se enfoca en una necesidad o problema.

En las bienaventuranzas, al principio del Sermón del Monte, vemos que los miembros del cuerpo de Cristo deben mantener una actitud de humildad (5:3), mansedumbre (5:5) y misericordia (5:7). Debemos cooperar para lograr la paz (5:9). Debemos estar dispuestos a aceptar el ridículo y la persecución cuando sea necesario (5:10). Debemos asumir una actitud de gozo y alegría en medio de las dificultades que resulten de identificarnos con el nombre y la causa de Cristo (5:12). Debemos practicar la justicia en todos nuestros asuntos (5:20). Debemos mostrar amor para con nuestros enemigos y aquellos que nos persiguen (5:43-48). Cuando damos debemos hacerlo sin llamar la atención, sin buscar reconocimiento (6:1-4). No debemos juzgar a los otros sino dejar todo juicio en manos de Dios que conoce los hechos concretos y puede juzgar correctamente (7:1-6).

Este breve sumario, indudablemente no agota todas las enseñanzas incluidas en el Sermón del Monte, aún así, nos provee un punto de partida. De todas las agrupaciones en el mundo, la iglesia debe ser el mejor lugar donde la gente en necesidad puede experimentar la hospitalidad en abundancia. Asumimos una postura de humildad, mansedumbre y misericordia. Compartimos palabras y gestos que promueven la paz. Esperamos ser malinterpretados y mal juzgados. Todo lo que hacemos, lo hacemos por causa de Cristo.

De todas las agrupaciones en el mundo, la iglesia debe ser el mejor lugar donde la gente en necesidad puede experimentar la hospitalidad en abundancia.

Hacemos todo esto para crear un espacio donde la gente herida y con sufrimiento pueda reencontrarse consigo misma y halle refugio. Compartimos nuestra propiedad, dinero, tiempo, atención e interés para satisfacer sus necesidades. No requerimos de ellos, que den a cambio, una buena impresión o que creen una imagen positiva. Les decimos, más bien, "vengan tal cual están", y ellos vienen. Pienso en ejemplos de mi propia congregación local, donde desarrollamos una variedad de ministerios para alcanzar gente con toda clase de necesidades. Si intentara satisfacer las necesidades, de esta fila interminable de personas, por mi propia cuenta o con el grupo pequeño terminaríamos en bancarrota. Pero cuando todos en la congregación ofrecen de lo que tienen, parece que Cristo multiplica los esfuerzos. Nuestra iglesia ofrece alimentos, medicina, ropa, útiles escolares y una variedad de recursos intangibles como cuidado de niños o clases para desarrollar habilidades para enfrentar la vida. Proveer para las necesidades es una tarea que se realiza cada semana. Es sorprendente lo que Cristo puede hacer cuando en una congregación todos los seguidores se agrupan alrededor de una causa común.

Cuando vi al cuerpo de Cristo responder después de los huracanes en la Costa del Golfo, apenas podía creer que el día siguiente a la catástrofe arribaran camiones cargados de ayuda. Me maravillaba al ver las miles de manos que se acercaron al lugar para ayudar con la limpieza. Yo no podía concebir los millones de dólares ofrecidos en ayuda a las víctimas. Esto es porque no podemos tener una idea clara de la carga que los cristianos podemos levantar cuando nos unimos.

Nuestro mundo se tornó amenazante, demasiado pecado, demasiadas vidas quebrantadas, demasiado mal. Drogas en las calles, bandas callejeras y una violencia aterradora. Podemos retirarnos a nuestros templos y cantar himnos de alabanza hasta que vayamos al cielo. Podemos preferir separarnos y aislarnos de todo lo que corrompe, sin embargo, Dios no permite que el pecado, el dolor y el mal lo intimiden. Él se mantiene trabajando detrás de la escena, y ofrece gracia y misericordia por medio de su increíble hospitalidad. Dios invita a su iglesia a que se le una en esta hospitalidad y abra sus puertas a los necesitados que estén a su alcance. Él nos llama a una vida corporativa que comparta su ministerio con el mundo sufriente. Nos envía cada día a una misión que es más grande que nosotros y que nuestro grupo pequeño. Nos insta a unirnos como un gran cuerpo de creyentes e ir al mundo para hacer una diferencia.

¿Tiene usted la fuerza y la habilidad para realizar aquello que debe hacerse? ¡Claro que no! El asunto no está en saber que usted tiene la habilidad, se trata más bien, de reconocer que no la tiene. ¿Qué? Ya ve, cuando comprende que el trabajo es demasiado grande para usted, entonces comienza a depender de Él. Luego, Él trabaja por medio suyo para suplir lo que falta hasta que el trabajo se realiza. Sólo requiere un corazón dispuesto y plena dependencia de Él.

Sí, la hospitalidad toma toda una nueva dimensión cuando se la practica junto con la congregación entera. ¡Juntos somos mejores! Unámonos y creemos un ambiente seguro en el cual el poder de Jesús pueda fluir. Transforme su vida en un Sermón del Monte. Comprobará que en medio de sus esfuerzos, verá a Jesús en formas totalmente nuevas.

Día 33

Recuerde: Dios puede hacer más por medio suyo, cuando usted ministra a través de una sección mayor del cuerpo de Cristo, que cuando usted opera por su propia cuenta o como parte de un grupo pequeño.

"Cuando vio a las multitudes, subió a la ladera de una montaña y se sentó. Sus discípulos se le acercaron, y tomando él la palabra, comenzó a enseñarles diciendo:" (Mateo 5:1-2).

¿Cómo podemos asemejarnos a Dios,

Y su amor genuino mostrar?

Jesús, por medio de tu amor universal

Nos mostraste el camino.

Permítenos que tu amor en nosotros,

Puro, imparcial e ilimitado;

haga ver a todos los hombres en nuestro ser,

Al Padre de la humanidad.

Carlos Wesley

USTED PUEDE ENCONTRARSE
CON CRISTO EN EL MUNDO

encuentro

Día 34

UN EJEMPLO

"Ustedes son la sal de la tierra... Ustedes son la luz del mundo..."
(Mateo 5:13-14).

Hasta este punto consideramos prácticas espirituales que nos ayudan a ver a Cristo en formas frescas y nuevas cada día. Miramos estas prácticas desde cuatro perspectivas diferentes: en soledad, con un amigo, en un grupo pequeño y en la congregación. Todas estas perspectivas tienen por lo menos una cosa en común: nos permiten permanecer la mayor parte del tiempo, en nuestra zona de comodidad o seguridad. La calidez y aceptación de nuestros amigos cristianos, nos invita a permanecer con ellos en ese lugar tan cómodo, sin embargo, debemos resistir la tentación de permanecer en ese lugar.

Ayer Jesús nos desafió a vivir una vida al estilo del Sermón del Monte. Ni su ejemplo, ni sus instrucciones nos dan permiso para escondernos y permanecer aislados del mundo. Él se arriesgó a venir a este mundo. Nosotros debemos seguir su ejemplo y aventurarnos dentro de nuestro mundo. Debemos ser todo aquello que Dios necesita que seamos para Él, viviendo una vida cristiana ejemplar en nuestro mundo.

Nosotros debemos seguir su ejemplo y aventurarnos dentro de nuestro mundo.

En la lectura para hoy, tomada del Sermón del Monte, Jesús se refiere a nosotros como sal y luz del mundo. Según indican estas imágenes, ¿qué tiene Dios en mente en relación a la vida que vivimos en el mundo? La sal tiene un sabor único, conserva la carne, da un mejor sabor a la comida, desinfecta al matar gérmenes y, además, provoca sed en la gente.

Nosotros, los cristianos, podemos tener estas mismas cualidades al vivir nuestra vida aquí en la tierra. Tenemos una visión y perspectiva diferente del mundo porque vivimos con un sistema de valores diferente. Ofrecemos un sabor único en la atmósfera de la escuela, trabajo y en el vecindario. Preservamos nuestro mundo de la misma manera que unos pocos habitantes justos lo pudieron haber hecho con Sodoma y evitar que cayera juicio sobre ella (Génesis 18:16-33). Brindamos mejor sabor a cada situación con nuestra perspectiva de la vida positiva y esperanzadora. Nuestra ética personal debería ser tan clara, que todos quienes nos conocen sepan que vivimos una vida justa. Nuestro ejemplo debe despertar sed en la gente por saber qué nos hace diferentes y hacerles desear ser como nosotros.

En los días de Jesús cuando la sal caía al suelo, se mojaba o si estaba demasiado tiempo al sol, perdía su sabor. Como la sal que cae al suelo, nosotros también podemos perder nuestro vigor espiritual al asumir los malos hábitos del mundo o una manera mundana de pensar. Como ser expuesto al sol y a la lluvia, nosotros también podemos perder nuestro dinamismo espiritual al dejar que los estreses y la tensión natural de la vida nos alcancen y desgasten nuestra efectividad. No podemos permitir que ninguna de estas influencias negativas nos debiliten y agoten nuestras energías espirituales. Si permitimos que esto suceda, Jesús dijo que nos transformamos en constructores inefectivos del reino de Dios.

¿Qué cualidades de la luz tuvo Jesús en mente para sus seguidores? La luz no se produce por sí misma, viene de una fuente que la genera, ilumina nuestro contorno, produce calor y poder.

Todas estas cualidades se relacionan también al efecto espiritual que debemos tener en nuestro mundo. No producimos nuestra propia luz espiritual, reflejamos la luz de Dios al vivir en una relación personal cercana con Él. Nuestra influencia espiritual debe alumbrar el camino a Dios para quienes no lo conocen. La luz de nuestra influencia se desarrolla al participar de las prácticas que ya tratamos en este libro. Nuestras vidas deben exhibir un poder espiritual que sólo puede ser explicado como una obra de Dios.

En Mateo 5:14-16, Jesús nombra tres lugares que se benefician de la luz: hogar, ciudad y mundo. La luz de una lámpara alcanza sólo un cuarto de la casa. Muchas casas juntas forman una ciudad. La luz de una ciudad entera puede ser vista por miles. La luz del sol es mucho más poderosa que la luz de una ciudad y se extiende por todo el mundo. Note cómo la influencia de la luz crece al extenderse en las áreas. Jesús nos recuerda, en esta analogía, que nuestra influencia espiritual comienza en nuestro hogar con la gente que más nos ve y mejor nos conoce. Nosotros debemos ser buen ejemplo cristiano en nuestro hogar. Desde allí, nuestra influencia alcanza a los amigos, grupos pequeños y la congregación. Al compartir un buen ejemplo en todas estas áreas, nuestra influencia espiritual alcanza más allá de estos límites, al resto del mundo.

Puede que el mundo no sea cálido y receptivo para
con nuestro compañerismo cristiano,
pero Cristo nos envía de todas maneras.

Esta semana veremos las formas en que, como cristianos, nos relacionamos con Él. Ampliaremos el tema que iniciamos ayer, acerca de la hospitalidad cristiana ofrecida a nuestro mundo. Puede que el mundo no sea cálido y receptivo para con nuestro compañerismo cristiano, pero Cristo nos envía de todas maneras. No obstante, Cristo no nos envía solos. En la última conversación extensa mantenida con los discípulos, en Juan 17:14-18, Él ora por protección para ellos y nosotros en esta asignación de vital importancia. En el centro de su oración dice, "No te pido que los quites del mundo, sino que los protejas del maligno" (v.15).

Cristo le envía a ser un ejemplo en el mundo y ministrar en su nombre. Así, usted puede esperar que Él esté con usted y le ministre en tanto sigue su guía. Al adentrarse en el mundo espere verlo llegar y ponerse a su lado para acompañarlo.

Día 34

Recuerde: En lugar de retirarnos del mundo, Cristo nos llama a ser sal y luz al vivir vidas que le representen.

"Ustedes son la sal de la tierra… Ustedes son la luz del mundo…"
(Mateo 5:13-14).

Día 35

UNA MIRADA, UNA PALABRA, UN TOQUE

"Un hombre que tenía lepra se le acercó, y de rodillas le suplicó: —Si quieres, puedes limpiarme. Movido a .compasión, Jesús extendió la mano y tocó al hombre, diciéndole: —Sí quiero. ¡Queda limpio! Al instante se le quitó la lepra y quedó sano" (Marcos 1:40-42).

Hace unos años nuestra familia experimentó una expresión de compasión muy inusual. Estábamos en nuestra casa rodante disfrutando un hermoso tiempo juntos en Colorado. En forma repentina, sin ningún aviso, el eje de las ruedas de la casa rodante se soltó del chasis. Por esta causa, nos hallamos abandonados a la orilla de la carretera. Caminé hasta una casa cercana y llamé a un camión de auxilio para que remolcara nuestra casa rodante hasta el siguiente pueblo.

Aquí es donde comienza el misterio. El conductor del vehículo de auxilio llevó el nuestro hasta un taller y rehusó recibir un pago por el servicio. El mecánico trabajó tiempo extra y construyó un nuevo soporte para el eje y nos cobró mucho menos del valor normal por ese trabajo. Como realizar el trabajo tomó un día extra, permanecimos en un hotel local durante la noche. A la mañana siguiente desayunamos en un restaurante cercano al hotel, el gerente del restaurante supo el motivo por el cual pasamos la noche en el pueblo y rechazó el pago por nuestro desayuno.

Para entonces, yo debía conocer el motivo por el que esta gente mostraba esta bondad con personas totalmente desconocidas como nosotros. De regreso al taller mecánico, describí lo sucedido las últimas 24 horas. El mecánico explicó: "Experimentamos tiempos económicos difíciles. El año pasado cerró una fábrica en el pueblo. Sabemos lo que se siente cuando la suerte se pone de espaldas. Ahora estamos mejor, por esta razón, cuando vemos a alguien en necesidad estamos dispuestos rápidamente a tender una mano en ayuda".

¡Esto suena a predicación! Ejemplo número uno de compasión. Jesús nos dio otro ejemplo de compasión, en el pasaje para hoy, cuando sanó al hombre que tenía una terrible enfermedad de la piel. Este ejemplo pudo multiplicarse docenas de veces durante el ministerio de Jesús. Él vio a un hombre, a quien nadie prestaba atención, cuando pasaban a su lado. Alcanzó a este hombre intocable. Ofreció compasión a este proscrito y lo sanó.

Cualquiera que quiera seguir a Jesús, debe seguir su ejemplo y mostrar compasión a los necesitados en el mundo. Jesús ilustró esta necesidad con la parábola del buen samaritano (Lucas 10:25-37). Lea, por favor, esta parábola una vez más si no la leyó últimamente. Ofrece importantes ejemplos sobre cómo podemos involucrarnos compasivamente en nuestro mundo.

Cualquiera que quiera seguir a Jesús, debe seguir su ejemplo y mostrar compasión a los necesitados en el mundo.

En ambas formas, por su ejemplo y la parábola del buen samaritano, Jesús indicó que tenía un plan de acción para nuestras vidas. Él también quiere que nosotros alcancemos con compasión a los que sufren y nos transformemos en agentes de sanidad. Quiere que veamos gente que nadie más ve. Aún más, además de verla, quiere que alcancemos gente que nadie más alcanza. Quiere que salgamos de nuestra zona cómoda y segura. Espera que nos apartemos de nuestro camino. Quiere que tomemos tiempos para dedicarlo a los heridos y quebrantados a nuestro alcance. Jesús espera que la compasión que mostremos nos cueste algo. Quiere que ofrezcamos ayuda en su nombre a las personas que sufren. En resumen, quiere que nosotros seamos sus pies y manos y continuemos su tarea en la tierra al mostrar compasión con quienes la necesitan. Entonces, ¿qué podemos hacer? Primero, pidamos a Jesús ayuda para ver el mundo necesitado tal como Él lo ve. Pidamos que nos ayude a ver a través de sus ojos. Luego, dependamos de Él para que trabaje por medio nuestro para ministrar en las necesidades que nos muestra. De aquí en más, la lista de formas en que podemos involucrarnos es casi interminable.

- Oramos por y con los que necesitan la ayuda de Dios.
- Procuramos conectar oraciones con necesidades.
- Desarrollamos una vista aguda para reconocer quienes necesitan una palabra de ánimo y la compartimos.
- Apoyamos a quienes alrededor nuestro tienen problemas personales, vocacionales, emocionales, relacionales y espirituales.

- Extendemos hacia otros la misma misericordia y gracia que recibimos de Jesús.
- Atendemos a las necesidades de los enfermos, hospitalizados, desamparados y a quienes no tienen derechos.
- Nos acercamos y ofrecemos una mano de ayuda a quienes tienen una carga laboral abrumadora.
- Ofrecemos nuestro tiempo, dinero, energía o un oído atento a quien lo necesite.

En todo esto tratamos a la gente necesitada con dignidad y respeto. Las actitudes de humildad, mansedumbre y misericordia, que tratamos en el Sermón del Monte el día 33 de la semana pasada, nos ayuda a evitar que pensemos de nosotros mismos como los salvadores que en alguna manera alcanzamos víctimas que están por debajo nuestro. Para que la compasión cristiana permanezca realmente cristiana, debemos vernos a nosotros mismos como recipientes de la ayuda que Dios quiere brindar. Ofrecemos una mano a compañeros de jornada y les transmitimos la bendición de Dios.

> "La disposición de ser amigo no es una cualidad en otras personas, es simplemente lo que piden de nosotros mismos. Cada momento y cada situación nos desafían para actuar y obedecer. Literalmente no tenemos tiempo para sentarnos y preguntarnos si fulano o zutano es nuestro prójimo o no. Debemos entrar en acción y obedecer, debemos comportarnos como un amigo para él".
>
> Dietrich Bonhoeffer

Nunca olvidaré el comentario que unos años atrás hizo un hombre desamparado que vino a hablar a la universidad en nuestra clase de ética. Juntos frente a la clase, en el curso de nuestra conversación, le pregunté, "¿qué es lo que usted más desea de estos estudiantes?" Pensé que iba a decir dinero, alimentos o ropa, en lugar de todo esto dijo: "Simplemente quisiera ser tratado con la dignidad que todo ser humano merece". ¡Increíble!

¿Puede ser que uno de los más grandes regalos que podamos darle a la gente sea el respeto que ellos merecen como una de las creaciones especiales de Dios?

Jesús demostró compasión como un estilo de vida diario a través de su tiempo en la tierra. Mostrar compasión llegó a ser para Él una segunda naturaleza. Ahora surge el mismo esfuerzo y actitud de sus seguidores. Lea el relato de Jesús sobre las ovejas y las cabras en Mateo 25:31-46. Este pasaje contiene muchas verdades importantes. Una de las verdades más sutiles se halla en los versos 37-39 con las palabras: "Y le contestarán los justos: "Señor, ¿cuándo te vimos hambriento y te alimentamos, o sediento y te dimos de beber? ¿Cuándo te vimos como forastero y te dimos alojamiento, o necesitado de ropa y te vestimos? ¿Cuándo te vimos enfermo o en la cárcel y te visitamos?" Los actos de compasión realizados por los discípulos de Jesús llegaron a ser una parte tan natural de sus vidas que ni siquiera notaron que los estaban haciendo. Esta es la forma en que Jesús quiere que vivan sus seguidores.

Jesús demostró compasión como un estilo de vida diario durante su tiempo en la tierra.

La compasión cristiana se expresa a sí misma en formas tan diferentes como las mismas necesidades. Tal vez usted muestra mejor la compasión, al ofrecer a diario una mirada, una palabra o un toque en el nombre de Jesús a todos aquellos con quienes entra en contacto en su mundo. Mire hacia atrás, piense en sus actos de compasión realizados a diario. Me pregunto, ¿cuál de aquellos individuos a quienes ayudó era Jesús? (Mateo 25:40).

Día 35
Recuerde: Dios quiere darle ojos para que usted vea al mundo como Él lo ve y así usted pueda mostrar su compasión.

" Un hombre que tenía lepra se le acercó, y de rodillas le suplicó: —Si quieres, puedes limpiarme. Movido a compasión, Jesús extendió la mano y tocó al hombre, diciéndole: —Sí quiero. ¡Queda limpio! Al instante se le quitó la lepra y quedó sano" (Marcos 1:40-42).

Día 36

RÍNDASE A ÉL

"Si alguno viene a mí y no sacrifica el amor a su padre y a su madre, a su esposa y a sus hijos, a sus hermanos y a sus hermanas, y aun a su propia vida, no puede ser mi discípulo" (Lucas 14:26).

Una de las transiciones más dificultosas para mi esposa y para mi ocurrió después de estar unos cinco años en el ministerio pastoral. Los dos amábamos la tarea que Dios nos había dado y planeamos permanecer en ella por el resto de nuestras vidas. Luego sentimos su llamado para regresar a la escuela y obtener una educación mayor. ¿Por qué? Pensé que tenía toda la educación formal que necesitaba para ser pastor. Cuanto más oraba, más sentía la guía de Dios en esta nueva dirección.

Entonces, con temor renunciamos a nuestro ministerio pastoral, empacamos todas nuestras posesiones, las pusimos en un vehículo de mudanzas y regresamos a la escuela. Exactamente cuando pensé que tenía un sentido de dirección claro para el sendero por el cual mi vida se desarrollaría, me perdí en un camino que me costó una carrera que amaba y no me ofrecía nada satisfactorio para el futuro. Yo sé que era tonto sentir esto, pero así fue. Cuatro años, más muchos exámenes y trabajos que terminar, completé dos grados académicos más y me hallé a mí mismo en una nueva tarea que Dios me dio. Pasaron más de dos décadas desde aquella transición y estoy en el mismo trabajo: entrenando hombres y mujeres jóvenes a nivel universitario para ser ministros del evangelio de Jesucristo. ¡Amo profundamente la nueva misión que Dios me dio!

En nuestra Escritura para hoy, Jesús nos motiva a sentarnos y calcular el costo de seguirlo. Rápido capta nuestra atención al decirnos que debemos aborrecer a todos nuestros familiares y a nosotros mismos. Él sabe que el amor es irrefutable. Sin embargo, nuestro afecto y devoción hacia Él debe ser tan superior en comparación que empalidece al amor que sentimos por nuestros seres queridos. Estos otros amores no pueden competir con nuestro amor y devoción por Cristo.

Jesús no quiere que entremos a su discipulado de una manera frívola o ligera, no quiere que aceptemos su llamado y más tarde sentir que fuimos engañados o desviados. Él no quiere que pensemos que podemos hacerlo con un compromiso parcial. Nos dice de antemano que requerirá todo de nuestra parte. En realidad, lo dice de una manera contundente en el versículo 33, "De la misma manera, cualquiera de ustedes que no renuncie a todos sus bienes, no puede ser mi discípulo".

¿Por qué traer a la luz el tema del compromiso total en una semana en la que estamos discutiendo las prácticas espirituales que ejercitamos en el mundo? Porque todas las cosas que tratamos esta semana y las que exploraremos en el resto de este libro, sólo podrán realizarse en forma adecuada si vivimos un estilo de vida de total rendición a la voluntad de Dios para nosotros.

Es fácil ser un buen ejemplo cristiano cuando nos adentramos en nuestro mundo por períodos de tiempo limitados. Luego, cuando lo deseamos, nos salimos y volvemos a disfrutar de nuestras vidas privadas. Es mucho más exigente ser un buen ejemplo cuando vivimos una vida de total sumisión a Dios visible a nuestro mundo las 24 horas, los siete días a la semana. Es fácil realizar algunos actos de compasión en forma limitada. Es mucho más exigente vivir a diario un estilo de vida de compasiva.

Cuando leemos este pasaje de la Escritura, a primera vista tenemos la impresión que Jesús nos llama a hacer un ejercicio mental que nos lleve a tomar una decisión. Así es. Sin embargo, en otro nivel, nos está llamando a mucho más que esto, nos señala un plan de acción para nuestras vidas diarias. Este plan de acción nos hace estar en forma continua disponible para realizar el trabajo de Dios en nuestro mundo, en el momento que nos necesite.

Este plan de acción nos hace estar en forma continua disponible para realizar el trabajo de Dios en nuestro mundo, en el momento que nos necesite.

Una vez que establecemos nuestro compromiso de discipulado, estamos listos para que Él nos despliegue dentro de nuestro mundo necesitado. Él pensará en docenas de cosas para que nosotros hagamos una vez que determinamos nuestro nivel de compromiso. La instrucción de Jesús en este pasaje nos llama a un estilo de vida de renuncia a nuestros propios planes y direcciones.

> "¡Diga, 'sí, Señor, sí!' a todo, y confíe en que Él trabajará en usted de tal modo que pueda tener la voluntad para rendir todos sus deseos y afectos en conformidad a su voluntad misericordiosa, admirable y llena de amor"
>
> Hannah Whitall Smith (1832—1911)

Note que este pasaje concerniente al costo del discipulado precede de inmediato a las parábolas de Jesús de la oveja, la moneda y el hijo perdido. Sin duda, usted oyó más de un sermón de estas parábolas de Lucas 15 en las que Dios es representado en búsqueda de la humanidad perdida espiritualmente. Por cierto, la parábola nos dice esto, pero creo que Jesús tenía algo más en mente cuando las compartió. Éstas parábolas ilustran un estilo de vida en el que resignamos nuestros planes y propósitos. El pastor (Lucas 15:1-7) olvidó todo al salir en búsqueda de la oveja perdida. La mujer (Lucas 15:8-10) detuvo su rutina diaria y removió cada objeto de la casa en búsqueda de la moneda perdida. El padre (Lucas 15:11-32) sólo pensó en el retorno de su hijo perdido. Las tres parábolas hablan de personas consumidas por una pasión que tomó control completo de sus vidas. Ellas nos invitan a un estilo de vida de completo abandono en pos del objetivo de Dios para nuestra vida.

La práctica espiritual para hoy nos recuerda que debemos estar pendientes del llamado de Dios para un servicio especial mientras vivimos en el mundo. Tengo varios amigos que tienen el estilo de trabajo que demanda de ellos que varios días a la semana, estén alertas y listos para ser llamados. Estos doctores, enfermeras y mecánicos de fábricas, llevan los denominados beepers o localizadores así como sus teléfonos celulares para ser localizados en forma inmediata. Llevan una rutina normal hasta que reciben una llamada. En ese instante, dejan todo lo que están haciendo y atienden la necesidad surgida.

¡Qué hermosa manera de vivir en nuestro mundo como seguidores de Jesucristo! Desarrollamos una rutina normal, pero con la consciencia de que estamos disponibles para cualquier tarea que Él tenga para nosotros en el mismo instante que surge la necesidad.

Jesús habló de los resultados de este estilo de vida en Juan 12:25, "El que se apega a su vida la pierde; en cambio, el que aborrece su vida en este mundo, la conserva para la vida eterna". ¡Qué paradoja! La razón humana nos dice que podemos sacar máximo provecho de nuestra vida al mantener sobre ella control personal. Jesús dice que, será de mayor utilidad, al cederla al control de su voluntad, su forma de vida y tarea. Al final, Él nos dará vida eterna por asumir este compromiso como estilo de vida.

Entonces, salga hoy al mundo, viva pendiente de la llamada de Dios y responda a su mandato. Él siempre tiene algo para que usted haga. ¡A medida que usted se entregue de esta manera tan espontánea e ilimitada, verá a Jesús en formas completamente nuevas!

Día 36

Recuerde: Usted debe estar pendiente de la llamada de Dios en todo tiempo para una tarea especial.

"Si alguno viene a mí y no sacrifica el amor a su padre y a su madre, a su esposa y a sus hijos, a sus hermanos y a sus hermanas, y aun a su propia vida, no puede ser mi discípulo" (Lucas 14:26).

Día 37

UNA INVITACIÓN DE JESÚS

"Y el que no carga su cruz y me sigue, no puede ser mi discípulo"
(Lucas 14:27).

Ayer hablamos de estar pendientes del llamado de Dios las 24 horas, cada día de la semana. El mundo vio este estilo de vida en personas como la Madre Teresa y otras semejantes. La gente pendiente de la llamada de Dios ve la necesidad humana, ofrece su vida y entrega una mano de ayuda en el nombre de Jesús. Dios los tiene esparcidos globalmente en forma estratégica. Ellos ministran en áreas metropolitanas y villas rurales. Trabajan en montañas y valles, islas y continentes. Van donde el amor de Dios los envía y están allí tanto tiempo como la tarea lo demanda. Veo personas vivir pendientes de la llamada de Dios en la facultad de la universidad donde trabajo, entre los estudiantes y compañeros creyentes en la iglesia. Este estilo de vida no es un proyecto de fin de semana o un pasatiempo ocasional, esto consume nuestras prioridades a diario.

El pasaje bíblico escogido para hoy es la continuación del pasaje leído ayer. Continúa el pensamiento de Jesús. Después de exigirnos que nos sentemos y evaluemos el costo del discipulado, nos dice que este estilo de vida demanda que llevemos una cruz. ¿Qué supone usted que quiso decir Jesús al usar esta expresión? Para el tiempo en que Jesús habló estas palabras, sus discípulos veían la cruz como una forma de muerte torturante reservada para criminales y prisioneros políticos. Después de la muerte de Jesús en la cruz, ellos entendieron que estas palabras eran un llamado a un estilo de vida de humildad y sumisión similar al de Jesús. No lo sabían en ese momento, pero Él les estaba dando un ejemplo a imitar.

La referencia de Jesús a cargar la cruz nos recuerda que vivir para Él en este mundo tiene un costo muy elevado, implica penalidades y sufrimientos. Aquí tenemos una vez más la palabra sufrimiento. Ya tratamos el tema del sufrimiento como una disciplina espiritual el día 19 cuando hablamos de compartir o llevar las cargas de otros. También hablamos de este tema el día 26, allí fue en términos de ministrar en, o, a través de grupos pequeños, pero el concepto toma una dimensión por completo diferente cuando hablamos de sufrir mientras ministramos en el mundo.

> Discipulado significa lealtad al Cristo sufriente, y por tanto no es una sorpresa que los cristianos sean llamados para sufrir. De hecho es un gozo y una señal de su gracia… En la hora de la más cruel tortura que [los cristianos mártires] sobrellevaron por su causa, fueron hechos participantes en el perfecto gozo y felicidad de compañerismo con Él.
>
> Dietrich Bonhoeffer

Sucede que a veces sufrimos como resultado directo de nuestro compromiso con Cristo de ministrar en su nombre. En esto puede haber pensado Pablo cuando escribió, "Ahora me alegro en medio de mis sufrimientos por ustedes, y voy completando en mí mismo lo que falta de las aflicciones de Cristo, en favor de su cuerpo, que es la iglesia" (Colosenses 1:24). Pablo, aquí, de ninguna manera implica que el sacrificio expiatorio de Jesús en la cruz necesitara un esfuerzo adicional para estar completo. Jesús pagó el precio total por nuestra salvación. Pablo intentó decirnos que al seguir a Cristo en su ministerio cristiano, sufrió por predicar el evangelio. Cristo hizo de Pablo un ejemplo. Pablo continuó con el valor de sufrir por Cristo, al haber continuado llevando el mensaje de salvación al mundo. Escribió estas palabras desde la prisión, con un gran sentido del honor que resulta de entender que, por su sufrimiento, se hiciera posible un mayor avance del mensaje del evangelio y que atrajera más gente a Cristo.

Pablo, de esta manera, se transforma en un ejemplo a imitar. Nosotros también podemos compartir los sufrimientos de Cristo mientras proclamamos las buenas nuevas del mensaje del evangelio a nuestro mundo. Puede suceder, como con Pablo, que seamos llamados a sufrir por causa de nuestro compromiso cristiano. Dios, entonces, puede usar ese sufrimiento para hacer avanzar su obra aquí en la tierra.

Nosotros, también, podemos compartir los sufrimientos de Cristo mientras proclamamos las buenas nuevas del mensaje del evangelio a nuestro mundo. Aún podemos hallar un ministerio de sufrimiento en el mundo, al unirnos a quienes sufren y aliviar su carga. Todo lo que dijimos en relación al sufrimiento los días 19 y 26, con un compañero creyente, es aplicable a todos quienes aún no conocen a Jesús. Es posible sufrir al participar en diversos proyectos de compasión en nuestro mundo. Podemos sufrir al entregarnos al servicio de Cristo cuando nos llama a una tarea específica que requiere una medida extra de esfuerzo. Las circunstancias cambiarán en cada situación específica. Sin embargo, sufrir con gente herida es un ministerio similar en cada cultura y grupo lingüístico del mundo.

Este tema puede sonar demasiado formal y académico, pero no lo es. Jesús nos llama a seguir su guía y tomar la cruz en una manera muy práctica. Esto es, debemos estar dispuestos a sufrir cualquier necesidad que se presente en el esfuerzo de llevar el mensaje del evangelio a nuestro mundo. El sufrimiento puede ser resultado directo de nuestra proclamación o, puede ser indirecto, como cuando compartimos las cargas de gente herida. De todas maneras, sufrimos con gozo porque Cristo nos llamó a este ministerio.

Debemos estar dispuestos a sufrir cualquier necesidad que se presente en el esfuerzo de llevar el mensaje del evangelio a nuestro mundo.

¿Cómo puede aplicar esta verdad a su situación? ¿Experimentó sufrimiento en el trabajo, escuela o en el hogar por identificarse con Cristo? ¿Experimentaría sufrimiento si se identificara más intensamente de lo que lo hizo hasta este momento? ¿Se puso a la par de personas en el mundo que le rodea, les ayudó con sus cargas y sufrió con ellos al hacerlo? ¿Cómo podría hacer más y mejor en este tipo de ministerio?

Todas estas preguntas nos recuerdan que nuestra interacción como cristianos en el mundo puede producir ocasionalmente, algo o mucha incomodidad. Pero, esto no debe llegarnos de manera sorpresiva. Jesús nos advirtió que sucedería. Su ministerio lo llevó a la cruz, el nuestro también lo hará. Como Pablo, debemos regocijarnos de ser considerados dignos de sufrir por causa de Cristo. Cuando sufra por causa de Cristo recuerde que Él sufre con usted.

Cuando le lleguen tiempos de sufrimiento como resultado de vivir una vida cristiana en el mundo, esté atento. ¡Se encontrará con Jesús en medio de su sufrimiento!

Día 37

Recuerde: Jesús nos dejó una invitación para unirnos a su sufrimiento mientras ministramos en nuestro mundo.

"Y el que no carga su cruz y me sigue, no puede ser mi discípulo"
(Lucas 14:27).

Día 38

LA BATALLA POR JUSTICIA

"Esto fue para que se cumpliera lo dicho por el profeta Isaías: Éste es mi siervo, a quien he escogido, mi amado, en quien estoy muy complacido; sobre él pondré mi Espíritu, y proclamará justicia a las naciones. No disputará ni gritará; nadie oirá su voz en las calles. No acabará de romper la caña quebrada ni apagará la mecha que apenas arde, hasta que haga triunfar la justicia. Y en su nombre pondrán las naciones su esperanza"
(Mateo 12:17-21).

"¡Esto no es justo!" ¿Recuerda la primera vez que declaró esto? Probablemente el recuerdo se remonte a su infancia cuando comparaba su disciplina con la de sus hermanos. Tal vez, fue en el patio de la escuela primaria cuando su maestra favoreció a otro niño en desmedro suyo. Las situaciones varían, pero todos nosotros declaramos esto con fuertes lamentos. Aún más, estoy seguro de que lo repitió unas cuantas veces más mientras crecía.

Las comparaciones entre la realidad presente de las cosas y la forma en que creemos deberían ser, son materia diaria de conversación. Estas comparaciones nos recuerdan que muy profundo en nuestro interior, Dios nos equipó con una consciencia capaz de entender como quiere Él que la gente sea tratada. Las personas no siempre son tratadas en la forma que Él lo desea.

Cuando esto sucede, lo notamos y reaccionamos, "esto no es justo".

> *Muy profundo en nuestro interior, Dios nos equipó*
> *con una consciencia capaz de entender*
> *como quiere Él que la gente sea tratada.*

Tal vez, estamos ofreciendo nuestro testimonio a favor de la justicia sin notarlo. Sucede que la palabra justicia suena demasiado impersonal. Se nos vienen a la mente imágenes de cortes, abogados y jueces. Estas son, en parte, adecuadas, pero justicia es mucho, mucho más que esto. Justicia es personal, se relaciona con personas; nos llama a participar, a amar a otros al buscar su bien, su protección y un tratamiento justo. Nos motiva a hacer todo lo que podamos para corregir la injusticia de las instituciones, organizaciones, negocios, sistemas y sociedades que rebajan y maltratan a la gente. Nos desafía a procurar justicia a favor de la gente desfavorecida. Nos invita a unirnos en la lucha para hacer nuestro mundo justo y recto.

La lectura bíblica para hoy hace resonar la profecía de Isaías 42:1-4. El profeta vio el día futuro en el que el Mesías traería justicia a nuestro mundo. Mateo recogió esta visión y vio su cumplimento en Jesucristo. El pueblo hebreo en los días de Jesús buscaba un líder militar que arrasara con sus enemigos y trajera justicia por medio de una conquista militar. Jesús hizo realidad la visión, pero de una manera tranquila, en lugar de causar una gran conmoción con fuerte ruido en las calles fue un conquistador apacible (Mateo 12:19). Jesús usualmente evitó el conflicto frontal con los líderes religiosos. En realidad, condujo gran parte de su ministerio en zonas rurales. Su mensaje, aún así, llegó a la ciudad y comenzó a cambiar todas las cosas. Produjo una revolución que cambió su mundo antes que la mayoría de la gente lo notara.

Note en el versículo 18 que Jesús vino a proclamar a nuestro mundo un mensaje de justicia. Ponga atención especial a las dos imágenes del versículo 20. Una caña golpeada y débil habla de gente herida y sufriente a la que el resto del mundo deja de lado y olvidada. Están sin hogar, trabajo, salud y esperanza. Son los marginados de la sociedad, son frágiles y fácilmente pueden ser destruidos. Jesús tiene un gran cuidado de ellos y no permitirá su destrucción. La mecha humeante representa una antigua lámpara a la que se le agota el aceite. La llama casi murió; la mecha está por perder el poco fuego que le queda. La mecha representa la gente que agotó sus recursos. Los recursos ya no están, se acabaron; Jesús los restaurará y soplará vida nueva en ellos.

Jesús vino a hacer que la justicia triunfe en nuestro mundo. Finalmente, de su mano, triunfará. Vino a rescatar a los oprimidos, liberar a los que están en prisión, sanar a los enfermos, aliviar las necesidades de los que sufren y a mostrar la forma en que las personas deben relacionarse con el Padre. Jesús es la esperanza de todas las naciones (v. 21). Es también nuestra esperanza.

Jesús vino a hacer que la justicia triunfe en nuestro mundo.

Isaías tuvo una visión gloriosa de un futuro ideal con el Mesías viviente. Mateo vio la visión hecha realidad en su día. El llamado por justicia en esta visión, sin embargo, no terminó con el ministerio de Jesús en la tierra. Cuando regresó al Padre, dejó a sus seguidores con el desafío de llevar a cabo y completar la tarea que Él comenzó. Ahora, aquí estamos nosotros en nuestro tiempo y la necesidad de justicia persiste. ¿Qué haremos? ¿Comenzaremos a lamentarnos por el hecho de que la visión no alcanzó su realización completa? o ¿nos arremangamos y aceptamos el desafío que Jesús nos dejó?

Nosotros, la comunidad de fe, somos el cuerpo de Cristo en la tierra, somos sus pies y sus manos; ayer lo dijimos, debemos tomar su cruz y seguirlo (Lucas 14:27). Debemos unirnos a Él en su batalla por justicia en nuestro mundo. Podemos racionalizarlo muy fácilmente. ¿Qué puede hacer una persona contra los sistemas injustos de nuestro mundo? Podemos aportar mucho. Recuerde la revolución pacífica de Jesús. Esta revolución requiere su participación diaria:

- Le desafía a pedirle a Dios, ojos para ver la injusticia a su alrededor como Él la ve. Esté atento cada día, cuando halle alguna injusticia, busque maneras de producir un cambio.
- Le llama a tratar a cada persona, con la que se encuentra a lo largo del día, imparcial y justamente.
- Le desafía a ser un buen mayordomo de todos sus recursos: tiempo, energía, influencia, dinero, etc.
- Le invita a unirse a causas justas en su comunidad dónde sea que ve gente maltratada u oprimida.
- Demanda que comparta su tiempo, dinero y su mismo ser con la gente pobre y necesitada que conoce.
- Requiere que usted no compre producto de compañías que explota a trabajadores, ofrece salarios disminuidos o no provee un ambiente de trabajo seguro para ellos.
- Le desafía a vivir sacrificialmente para que pueda compartir la lucha por la justicia.

Jesús vino a nuestro mundo con un mensaje de liberación y esperanza. Abrió un camino para que nosotros tuviéramos comunión con el Padre, al hacerlo, nos trajo el reino de Dios. Somos ciudadanos del reino de Dios. Como participantes del Reino, Jesús nos invita a unirnos a Él y traer justicia a nuestro mundo. La tarea amilana, pero juntos, con la ayuda de Dios, podemos hacer una gran diferencia.

Piense en formas tangibles en las que usted puede unirse hoy a Cristo en la batalla por justicia en el mundo. Al hacerlo, espere que Él se le una y le ayude en su esfuerzo. Recuerde, "Yo, el Señor, amo la justicia..." (Isaías 61:8a).

<hr/>

Día 38

Recuerde: Cristo vino a traer justicia a nuestro mundo y nos invita a que nos unamos en esta visión.

"...y proclamará justicia a las naciones" (Mateo 12:18c).

Día 39

PROCLAME LAS BUENAS NUEVAS

"Jesús envió a estos doce con las siguientes instrucciones: No vayan entre los gentiles ni entren en ningún pueblo de los samaritanos. Vayan más bien a las ovejas descarriadas del pueblo de Israel. Dondequiera que vayan, prediquen este mensaje: El reino de los cielos está cerca" (Mateo 10:5-7).

En varias ocasiones, en la universidad donde enseño, hice participar a los estudiantes en situaciones de la vida real para ilustrarles aplicaciones prácticas del ministerio. Por ejemplo, para que puedan experimentar algo de evangelismo, como leímos en el pasaje bíblico escogido para hoy, llevé a los estudiantes a los hogares y parques de la comunidad para hablar con la gente acerca de Jesús. Hablar con desconocidos puede que no sea tan efectivo como testificar a miembros de la familia, amigos o vecinos. Aún así, hablar de su fe con gente que encuentran en el mundo que les rodea, eleva el nivel de confianza de los estudiantes.

Jesús, en el pasaje leído, envió a sus discípulos en una demostración de la vida real. Mateo 10 registra las instrucciones para esa demostración práctica y el mensaje que Él quiso que proclamaran. El mensaje: "El reino de los cielos está cerca", unido a esta proclamación, los discípulos ofrecieron una variedad de ministerios compasivos (v.8a). Como tanta veces hemos discutido en este libro, el modelo para el ministerio vino de Jesús. Unido a la salvación, Él extendió gracia y misericordia para sus seguidores. Los discípulos ofrecieron esa misma gracia, misericordia y salvación a quienes encontraron en su camino (v.8b).

Gracias a esta demostración práctica, aprendimos varias cosas sobre testificar. Primero, dondequiera que fueron sus discípulos, hicieron amistad con la gente que recibió el mensaje del evangelio y se hospedaron en su hogares (v.11). Ellos, sin duda instruyeron a sus convertidos sobre la importancia de ser parte de la comunidad de fe. La iglesia primitiva tuvo como base desde su concepción un estilo de vida comunitario.

Segundo, Jesús los instruyó para que en cada pueblo o ciudad estuvieran con su anfitrión original (v.11). En otras palabras, no se muden a una casa más cómoda o socialmente más avanzada. Los seguidores de Jesús nunca deben dejarse consumir por esfuerzos en obtener más comodidad o reconocimiento social. Nada de esto debe motivar a un seguidor de Jesús.

Tercero, esta demostración requirió que los discípulos dependieran de otros para satisfacer sus necesidades (vv.9-10). Este aspecto les enseñó que seguir a Jesús nunca los llevaría a obtener riqueza. Él no quiso que ellos pensaran en algún sistema para obtener riquezas rápido. Este aspecto, también los forzó a depender por completo en Dios para que supliera sus necesidades. Esta lección importante demostró ser de beneficio para la iglesia primitiva cuando aprendieron a depender del Espíritu de Dios después que Jesús regresó al Padre.

De la demostración de Jesús a sus discípulos, vemos que el evangelismo comienza con un mensaje sencillo: "El reino de los cielos está cerca". Estaba cerca en los días de Jesús porque el vivió entre nosotros. Está cerca hoy porque el Espíritu Santo vive en nosotros. Jesús trajo el reino de Dios a la tierra en formas nuevas, nunca antes vistas en este mundo.

Evangelizar produce convertidos que, a su vez, son incluidos en comunidades de fe. Estas comunidades proveen gente, familia espiritual, que ayuda a la unión mutua y con Dios. Los nuevos convertidos crecen espiritualmente a medida que se añadan a la familia espiritual. El crecimiento espiritual es el tema de este libro. La lección de hoy nos recuerda que el evangelismo añade personas, renueva la comunidad de fe y hace que el ciclo para ayudar a crecer una nueva generación de cristianos comience una vez más.

Los miembros de la comunidad de fe son mejores unidos que individualmente. Ellos manifiestan totalidad al integrarse unos a otros. Se fortalecen y apoyan mutuamente, velan por las necesidades y se ayudan unos a otros. Crecen juntos al ser el cuerpo de Cristo en el mundo.

Sólo mencionar la palabra evangelismo, con frecuencia, asusta a los creyentes. Suelen creer que deben memorizar una defensa teológica de la fe cristiana, o que deben estar preparados para responder cualquier pregunta concebible que alguien pueda plantear. No debemos temer. Jesús nos recuerda que evangelizar significa, simplemente, anunciar las buenas nuevas del evangelio. Luego, puede compartir su historia personal con sus propias palabras. Debemos pensar en responder preguntas como estas en una discusión inicial:

- ¿Cómo llegó usted a conocer al Señor como su salvador personal?
- ¿Quién es Jesucristo?
- ¿Por qué usted es cristiano?
- ¿Qué significado tienen para usted el término fe y la persona de Jesús?
- ¿Cómo reacciona cuando los problemas de la vida lo dejan sin alternativas?
- ¿Porqué tiene usted una actitud positiva de la vida?
- ¿En qué deposita usted su esperanza?

Evangelizar significa, simplemente,
anunciar las buenas nuevas del evangelio.

Hallamos un buen ejemplo de testimonio personal en Juan 9:25. En el comienzo de ese capítulo Jesús sanó a un hombre. Los fariseos se reunieron para investigar el incidente. Ellos creían que Jesús había desobedecido sus leyes con esta sanidad. Los padres del hombre rehusaron involucrarse en la investigación, porque temían perder los privilegios de participar en la adoración en el templo. Por lo tanto, insistieron en que el hombre sanado hablara por sí mismo. Después de ser interrogado con varias preguntas en dos ocasiones separadas, él les dio el testimonio poderoso que hallamos en Juan 9:25.

Note que el hombre que recibió la sanidad rehusó enredarse en discusiones teológicas, él sabía, tan bien como usted, que estos argumentos son inútiles. Rechazó ponerse de lado de los fariseos. Se rehusó a permanecer en silencio, hizo lo que todos podemos hacer, compartió su experiencia personal en sus propias palabras. Su testimonio fue sencillo, sin detalles. Se concentró en el mensaje central: ¡El toque de Jesús! Me encanta observar la forma en que interrumpió la dinámica intelectual de los fariseos, con la simple declaración: "Lo único que sé es que yo era ciego y ahora veo".

Todos podemos proclamar las buenas nuevas del evangelio de Jesucristo en nuestro mundo. Algunos pocos son llamados a ser evangelistas profesionales, pero todos somos llamados a ser testigos. ¡La historia del trabajo de Cristo en nuestras vidas es demasiado conmovedora como para no compartirla! No necesitamos ser efervescentes y dramáticos, sólo seamos reales. A la gente le interesa más saber que somos genuinos que oír una historia grandiosa.

Por lo tanto, dígale a otros lo que Cristo hizo por usted. Él lo bendecirá por compartirlo con otros. Sin duda, hallará a Cristo en formas muy enriquecedoras al participar en esta práctica espiritual.

Día 39

Recuerde: Algunos pocos son llamados a ser evangelistas profesionales, pero todos somos llamados a ser testigos.

""El reino de los cielos está cerca" (Mateo 10:7b).

Día 40

DIVÚLGUELO

"Por tanto, vayan y hagan discípulos de todas las naciones, bautizándolos en el nombre del Padre y del Hijo y del Espíritu Santo, enseñándoles a obedecer todo lo que les he mandado a ustedes. Y les aseguro que estaré con ustedes siempre, hasta el fin del mundo" (Mateo 28:19-20).

Ayer hablamos sobre la importancia del ministerio de evangelismo por medio del testimonio personal en nuestro mundo. Dijimos que evangelizar añade nuevos creyentes, renueva la comunidad de fe y hace que comience una nueva generación de cristianos. Hoy, tomaremos ese pensamiento una vez más y lo desarrollaremos. Ya ve, por importante que sea, no podemos dedicarnos sólo a ganar nuevos creyentes en Cristo. Debemos asimilar estos nuevos convertidos en la comunidad de fe, en la misma manera que un bebé recién nacido es llevado a casa e incorporado a su familia.

En este relato final del Evangelio de Mateo, Jesús hace dos cosas importantes. Primero, comisiona a sus apóstoles y a nosotros a que diseminemos el mensaje por todo el mundo y hagamos discípulos (vv.19-20a). Segundo, promete estar con nosotros cada día de nuestra vida (v.20b).

En el versículo 19 Jesús comparte algo de su autoridad con sus discípulos, esto incluye no sólo a los presentes con Jesús aquel día, sino a todos los discípulos que le siguieron después. Esto incluye a nuestra generación, es decir, a usted y a mí. En esencia Jesús comparte con nosotros la tarea de participar con Él en llevar la Palabra de Dios para salvación. Recibimos nuestra comisión de unirnos a Jesús en la tarea de hacer discípulos. Esta comisión no cosiste únicamente en entrenar ministros profesionales como pastores, evangelistas y misioneros, incluye todos los seguidores de Jesucristo. Todos tenemos un rol que desempeñar en la tarea de discipular.

Dios asigna varios roles a sus seguidores, entre ellos hay: apóstoles, profetas, evangelistas, pastores y maestros (Efesios 4:11). Pablo enumera muchas otras funciones en Romanos 12:6-8 y 1 Corintios 12:7-11. Esta variedad de ministerios difiere en relación a nuestros dones, talentos, habilidades y personalidades. Dios nos hizo a todos diferentes y usa a cada uno de nosotros en forma única para contribuir con el crecimiento y desarrollo del Reino. Esta es la razón por la que Pablo hace un esfuerzo extraordinario en explicar la importancia de reconocer y coordinar las varias fortalezas y debilidades del Cuerpo en 1 Corintios 12:12-31. Mire otra vez esa lista y determine qué dones Dios le dio.

En la lectura bíblica para hoy, sin embargo, Jesús nos comisiona a todos. Él nos desafía a cada uno de nosotros a:

- Ir.
- Hacer discípulos en todas las naciones.
- Bautizarlos en la fe.
- Enseñarles las doctrinas y el estilo de vida de los seguidores de Cristo.

En la última parte del versículo 20, Jesús promete estar con nosotros. Mateo comienza y termina su libro con este recordatorio, comienza anunciando que el hijo de María se llamará "Emmanuel", que significa "Dios con nosotros" (Mateo 1:23). Esta referencia nos indica que Jesús vino a la tierra para vivir entre nosotros. Al final, en Mateo 28:20, Jesús extiende su presencia entre nosotros aún después de su regreso al cielo. Él prometió estar junto a nosotros por el resto de nuestra vida y cumplió esta promesa al enviar al Espíritu Santo (Juan 14:18 y Hechos 2:1-4).

En cada palabra de este pasaje, Jesús hace un urgente desafío. Note como balancea ese enorme desafío de ir a todo el mundo y hacer discípulos con una gran promesa para robustecer nuestro coraje. No vamos solos al mundo. No hacemos nuestros propios planes. No creamos nuestras propias estrategias. ¡Con la ayuda del Espíritu Santo, enfrentamos los desafíos de hacer discípulos, con la fortaleza y dirección de Cristo mismo! Él es nuestro compañero, guía, confidente y amigo. ¡Qué gran desafío! Compartir juntos con el Creador del universo la tarea de hacer discípulos para su Reino.

La promesa de Jesús de estar a nuestro lado se aplica, no sólo a nuestros días difíciles o con problemas en el ministerio, sino a todos y cada uno de los días. Claro, usted espera que Jesús se acerque cuando se siente tentado, probado, perseguido y desafiado como resultado de su fe, pero, Jesús dice que estará con usted en los grandes días y también en los días difíciles.

Jesús es un amigo incondicional y permanece a su lado más cercano que un hermano o hermana. Él estará con usted hasta que Dios lo llame a su presencia. Luego, le dará la bienvenida al pasar el umbral de la puerta del cielo.

Hoy concluye nuestro estudio de algunas de las muchas maneras de involucrarse en su mundo. Apenas rasgamos la superficie de las muchas cosas que podemos hacer para interrumpir el sufrimiento en el mundo con la esperanza de Cristo. Hablamos de la importancia de permitir que nuestra luz brille y ser así buenos ejemplos en el mundo. Hablamos de desarrollar ojos como los de Dios para ver a su alrededor la necesidad de la humanidad herida y responder con manos de compasión. Enfatizamos la importancia de estar pendientes al llamado especial de Dios, para intervenir, 24 horas cada día de la semana. Nos recordamos, a nosotros mismos, que ser embajadores de Jesús en el mundo a menudo significa aceptar sufrimientos. Sin embargo, esto no nos detiene; llevamos adelante nuestra tarea de intentar llevar justicia a todos los que la necesitan.

Sin embargo, participar en nuestro mundo incluye más que ministerios de compasión y servicios sociales. De todas las formas en que Cristo quiere que participemos en el objetivo de hacer un mundo mejor, la tarea más importante es espiritual. Debemos compartir nuestro testimonio por Cristo en el mundo por medio de la evangelización. Una vez que los convertidos aceptan la invitación a unirse a la comunidad de fe, los incorporamos a la familia. La influencia de Cristo en el mundo aumenta con cada nuevo discípulo; así, el círculo de la reproducción espiritual comienza otra vez.

> *De todas las formas en que Cristo quiere que participemos en el objetivo de hacer un mundo mejor, la tarea más importante es espiritual.*

Usted juega un papel vital en el discipulado de nuevos creyentes. Puede ser un trabajo muy exigente. No obstante, en medio del desafío, notará que Cristo viene a usted en formas nuevas, no sólo a equiparlo para la tarea, sino a acompañarlo mientras usted lleva a cabo esta importante labor que Él le llamó a realizar. Siempre recuerde las palabras con la que Jesús cierra nuestro texto para hoy: "Y les aseguro que estaré con ustedes siempre, hasta el fin del mundo".

Día 40

Recuerde: Jesús nos invita a unirnos a Él en la tarea de hacer discípulos para la próxima generación de la comunidad de fe.

"Por tanto, vayan y hagan discípulos…" (Mateo 28:19).

Conclusión

HÁBITOS DEL CORAZÓN

Comencé a escribir este libro con esta conclusión en mente. Todo lo que escribí estaba centrado en este pensamiento final. Las prácticas y ejercicios espirituales que exploramos en este libro fluyen de nuestra vida de amor por Cristo. Nosotros las ponemos en práctica como respuesta natural a este amor, no porque nos sentimos movidos a seguir un régimen prescripto de disciplinas para pertenecer al club de Dios.

Permítame ilustrarle. Cada mañana hago una taza de café para Susana. Desarrollé este hábito no porque ella lo demandara o porque yo estuviera tratando de impresionarla, le preparo la taza de café cada día porque la amo. El hábito fluye naturalmente de mi amor por ella, es una forma más de decir, "valoro profundamente nuestra relación".

En este libro tratamos una variedad de ejercicios y prácticas espirituales. Por favor, no las asuma como una tarea más para ser realizada dentro de su ya muy ocupada agenda. Piense en ellas como formas adicionales por medio de las cuales puede experimentar amor en su relación con Cristo. Como hemos dicho, día tras día, piense en ellas como formas adicionales de encontrar a Cristo mientras vive su vida en la matriz de sus relaciones. Estoy convencido de que Cristo se acerca a usted cada día en una variedad de formas. Entrene sus ojos para reconocer estas oportunidades y encontrarse con Cristo. Espere con ansiedad ese tiempo que compartirá con un ser amado. Repase mentalmente que va a decir cuando se encuentren y valore el tiempo compartido como la mejor parte de su día.

Estos encuentros diarios con Cristo le dan un maravilloso beneficio: ¡Usted se parece cada vez más a Él! Sí, usted desarrolla la semejanza de Cristo a medida que vive su relación con Él. Como mencioné en la introducción, la meta de asemejarnos a Cristo no puede lograrse en aislamiento, más bien, fluye como un beneficio adicional de su relación con Él. El tiempo compartido en los encuentros diarios con Jesús le hacen parecerse cada vez más a Él. ¡Qué maravilloso pensamiento!

encuentro

La vida que Cristo exhibió mientras estuvo en la tierra fluyó naturalmente del amor que compartió con el Padre. El carácter y la conducta de Cristo son consecuencia de los hábitos de su corazón, no de prescripciones o ítems de una lista de cosas que hacer y otras que evitar. Por hábitos del corazón me refiero a cosas que hizo naturalmente como resultado de los deseos de su corazón. Como Cristo, usted también puede desarrollar hábitos de ejercicios espirituales como los discutidos en este libro y que fluyan naturalmente de su corazón. Su deseo principal debe ser amor a Cristo por sobre todas las cosas y seguirlo en toda circunstancia.

Permítame dejarle algunos versículos de las Escrituras que nos recuerdan esta importante verdad. Pablo lo resume bien en 2 Corintios 3:18, "Así, todos nosotros, que con el rostro descubierto reflejamos como en un espejo la gloria del Señor, somos transformados a su semejanza con más y más gloria por la acción del Señor, que es el Espíritu". ¡Imagínese ser transformado por el poder de Dios mientras vive una relación diaria con Cristo! Pedro, por otro lado, explica la forma en que Dios realiza esta transformación. Él dice que lo hace a medida que participamos de su naturaleza divina por medio de nuestra relación con Cristo. "Así Dios nos ha entregado sus preciosas y magníficas promesas para que ustedes, luego de escapar de la corrupción que hay en el mundo debido a los malos deseos, lleguen a tener parte en la naturaleza divina" (2 Pedro 1:4).

Aquí está su desafío. En lugar de mirar cada mañana en el espejo y decidir el ejercicio o práctica espiritual que realizará para asemejarse más a Cristo, haga a Cristo parte de todo cuanto realice a lo largo del día. Que Él participe de sus palabras, pensamientos, acciones, reacciones, trabajo y momentos de reposo; es decir, que Él sea parte de todo cuanto haga. Dependa del Espíritu de Cristo para realizar el milagro transformador en usted. Los hábitos del corazón fluirán naturalmente de su interacción con Él.

El escritor de Hebreos resume mejor el propósito de este libro: "Fijemos la mirada en Jesús, el iniciador y perfeccionador de nuestra fe, quien por el gozo que le esperaba, soportó la cruz, menospreciando la vergüenza que ella significaba, y ahora está sentado a la derecha del trono de Dios" (Hebreos 12:2).

Fijar sus ojos en Cristo y encontrarse a diario con Él, le permitirá ser tal cual es Él. ¡Dios lo bendiga en su relación de amor con Jesucristo!

Notas

1. Written and contributed by Richard E. Buckner, ministry resources product line editor, Beacon Hill Press of Kansas City.

2. Bernard of Clairvaux, *On the Love of God,* quoted in *Devotional Classics: Selected Readings for Individuals and Groups,* ed. Richard J. Foster and James Bryan Smith (San Francisco: HarperSanFrancisco, 1993), 41-42.

3. Julian of Norwich, *Revelations of Divine Love,* trans. Elizabeth Spearing (London: Penguin Books, 1998), 49.

4. Gregory of Nyssa, *The Life of Moses,* trans., introd., and notes Abraham J. Malherbe and Everett Ferguson; pref. John Meyendorff, *The Classics of Western Spirituality* (Mahwah, N.J. Paulist Press, 1978), 137.

5. Thomas à Kempis, *The Imitation of Christ,* quoted in *Spiritual Classics: Selected Readings for Individuals and Groups on the Twelve Spiritual Disciplines,* ed. Richard J. Foster and Emilie Griffin (San Francisco: HarperSanFrancisco, 2000), 150.

6. André Louf, *Teach Us to Pray: Learning a Little About God,* quoted in *Spiritual Classics,* 33.

7. Madame Guyon, *Experiencing the Depths of Jesus Christ,* quoted in *Devotional Classics,* 321.

8. Augustine of Hippo, "Our Lord's Sermon on the Mount," in *Augustin: Sermon on the Mount, Harmony of the Gospels, Homilies on the Gospels,* ed. Philip Schaff, vol. 6, *Nicene and Post-Nicene Fathers* ([n.p.]: Christian Literature Publishing Company, 1888; reprint, Peabody, Mass.: Hendrickson Publishers, 1994), 47.

9. John Wesley, "Letter to a Member of the Society, June 17, 1774," in *The Works of John Wesley,* 3d ed., ed. Thomas Jackson (1872; reprint, Peabody, Mass.: Hendrickson Publishers, Inc., 1984), 12:295.

10. Isaac Penington, *Letters on Spiritual Virtues,* quoted in *Devotional Classics,* 238.

11. Thomas à Kempis, *The Imitation of Christ,* trans. Stephen MacKenna (1896; reprint, London: Watkins Publishing, 2006), 140.

12. C. S. Lewis, *Mere Christianity* (New York: Macmillan, 1952), 167.

13. Teresa of Ávila, *Interior Castle*, quoted in *Devotional Classics*, 198.

14. Penington, *Letters on Spiritual Virtues*, 238.

15. Charles Wesley, "Help Us to Help Each Other, Lord," in *Wesley Hymns*, comp. Ken Bible (Kansas City: Lillenas Publishing Co., 1982), 110.

16. Dietrich Bonhoeffer, *Life Together*, trans. John W. Doberstein (San Francisco: Harper-San Francisco, 1954), 106.

17. John Wesley, *A Plain Account of Christian Perfection* (London: Wesleyan Conference Office, 1872; reprint, Kansas City: Beacon Hill Press of Kansas City, 1966), 101.

18. Bonhoeffer, *Life Together*, 21.

19. John Wesley, "The Law Established Through Faith," in *Works of John Wesley* 5:455.

20. *Manual, Iglesia del Nazareno, 2005-2009* (Casa Nazarena de Publicaciones, Argentina: Buenos Aires, 2006), párrafo 27.

21. Charles Wesley, *Wesley Hymns*, 99.

22. Dietrich Bonhoeffer, *The Cost of Discipleship* (1937; 2d ed., SCM Press, 1959; Paperback ed., New York: Macmillan, 1963), 86.

23. Hannah Whitall Smith, *The Christian's Secret of a Happy Life* (Uhrichsville, Ohio: Barbour and Company, 1985), 195-96.

Índice

.